中国古代杰出人物解读

李 忠 著

图书在版编目(CIP)数据

中国古代杰出人物解读/李忠著. —上海：上海科学技术文献出版社，2016

ISBN 978-7-5439-7059-5

Ⅰ. ①中… Ⅱ. ①李… Ⅲ. ①名人—生平事迹—中国—古代 Ⅳ. ①K820.2

中国版本图书馆 CIP 数据核字(2016)第 126528 号

责任编辑 应丽春

装帧设计 于 荣

中国古代杰出人物解读

李 忠 著

上海科学技术文献出版社出版发行

(上海市长乐路 746 号 邮政编码 200040)

全国新华书店经销

上海求知印刷厂印刷

开本 787×1092 1/16 印张 22.75 字数 350 000

2016 年 6 月第 1 版 2016 年 6 月第 1 次印刷

ISBN 978-7-5439-7059-5

定价：48.00 元

http://www.sstlp.com

自序

我喜读历史，敬重历史人物，更崇拜历史伟人、英雄。人民群众创造历史，伟人、英雄书写历史。

翻开中华历史画卷，每一个时代都有伟人，每一个领域都有英雄。如果没有伟人叱咤风云，翻江倒海，建朝立代，或许就没有强秦、大汉、盛唐、新中……如果没有英雄奇思妙想，贡智献慧，创造出新，或许就没有四大发明、地浑两仪、两弹一星、青蒿素药……

我从小羡慕伟人，崇拜英雄。大概由于爱读历史小说的原因，我小时候的偶像有两类：文的，如张子房、诸葛亮、徐茂公、刘伯温……他们的鹅毛扇，是智慧的化身、聪明的象征；武的，如楚霸王、赵子龙、薛仁贵、岳武穆……他们的干戈，是刚烈的化身、勇武的象征。

随着时间的推移，我逐渐长大，视野开始开阔，认识向上提升，慢慢有了自己的想法——如何歌一歌伟人，怎样颂一颂英雄？但是，要有时间和空间，要有资料和素材。

于是，一直在慢慢思考，一直在渐渐积累，一直在默默等待……

终于，等到了退休后的2015年6月——一甲子华，一古稀缺。从此，我将思考、积累、等待，转化成了人生的实践。

那么，以什么形式，歌一歌，咏一咏，赞一赞，颂一颂呢？我感到最好的形式，莫过于诗歌。

中国历史上的这些伟人、英雄，以诗颂之，我既没有经历，也没有经验，仅是尝试而已。

怎样尝试？我的实践，大致分为以下四点：

第一，记人。有两种形式，一种是整体式，如《秦皇颂》《汉武颂》《唐宗颂》等；一种是局部式，如《汉高祖颂》《曹操颂》《魏征颂》等。在本书，大部分人物的记述，运用的是整体式。

第二，叙史。有两种形式，一种是单体式，仅是对人物的历史叙述，如《老子颂》《孔子颂》《墨子颂》等；二是双体式，是兼顾个人历史和社会历史的叙述，如《周文王颂》《周公颂》《宋太祖颂》等。在本书，人物历史的叙述形式，是两者参半的。

第三，颂扬。有各种形式，有颂扬人物智慧、才华的，有颂扬人物品质、精神的，有颂扬人物经历、事迹的，有颂扬人物成果、贡献的，有颂扬人物地位、影响的。在本书，大部分人物的颂扬是综合的。

第四，传承。有多个方面，有精神财富传承的，有意志品质传承的，有思想学说传承的，有策略方法传承的。在本书，大部分人物的传承是兼有的。

全书，五十四颂，按时间顺序，分为上古、先秦、两汉、三国两晋南北朝、隋唐宋元、明清，共分六篇。

《中国古代杰出人物解读》终于要出版了。由于是尝试，自然缺陷多多，不足多多，甚至可能谬误多多，但这些“多多”，可以成为我鞭策自己、完善作品的动力来源、能量载体。

但愿大家喜爱中国文化，喜爱中华历史，喜爱伟人、英雄，喜爱本书！

2016年2月22日

目录

第一篇　上古

第二篇　先秦

第三篇　秦汉

第四篇　三国两晋南北朝

第五篇　隋唐宋元

第六篇　明清

第一篇 上古

◎炎帝——功高盖日月

◎黄帝——中华第一主

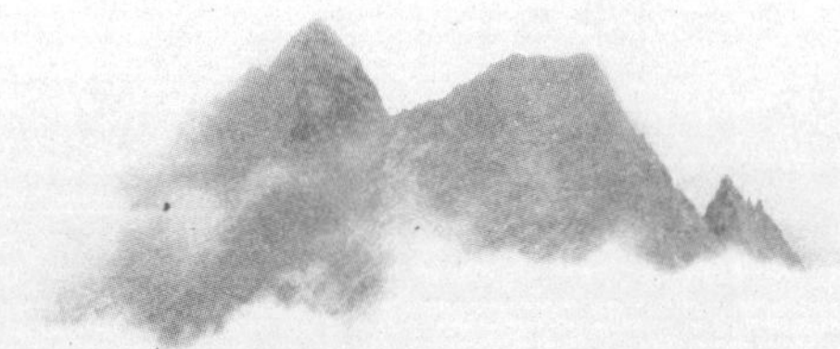

炎帝

炎帝，是中国上古时期姜姓部落的首领尊称，号神农氏，又号魁隗氏、连山氏、列山氏，别号朱襄（尚有争议，也有说朱襄氏部落曾有三代首领，尊号炎帝）。传说姜姓部落的首领由于懂得用火而得到王位，所以称为炎帝。从神农起姜姓部落共有九代炎帝：神农生帝魁，魁生帝承，承生帝明，明生帝直，直生帝氂，氂生帝哀，哀生帝克，克生帝榆罔。传位五百三十年。

炎帝被道教尊为神农大帝，也称五谷神农大帝。

功高盖日月

[1]
炎帝号神农，华夏始祖称。
[2]
联黄擒蚩尤，涿鹿获大胜。
[3]
与黄战阪泉，相融结联盟。
[4]
用犁种黍稷，渔猎向农耕。
[5]
钻木会取火，生食变熟吞。
[6]
立市兴贸易，物流利民生。
[7]
治麻织布帛，叶体化衣身。
[8]
造琴乐百姓，悦耳冶心神。
[9]
削木为弓箭，御敌有保证。
[10]
制陶贮食物，烧烤转煮蒸。
[11]
设历计星辰，节气日月分。
[12]
尝试百草味，治病药典成。
[13]
行德施大义，民从无不尊。
[14]
功高盖日月，德厚泽后人。

注释

炎帝，与黄帝是中华民族人文始祖，是中华民族团结奋斗的精神动力。全诗共十四联，叙述了炎帝的主要经历、优秀事迹，以及在中华文明史上的卓越贡献和杰出地位。

【1】 炎帝跟黄帝同一时代，且均带有传说色彩。炎帝号神农，与黄帝一起被视为中华民族的始祖。

【2】 距今约5 000余年前，炎帝部族与黄帝部族联合，与东夷集团中的蚩尤部族在今河北省涿县一带所进行的一场大战，目的是为了争夺适于放牧和浅耕的中原地带，史称“涿鹿之战”。涿鹿之战是中国历史上记载的最早的战争。

【3】 后来炎帝部族与黄帝部族发生矛盾和冲突，于是在阪泉进行了一场战争。在这场战争中，黄帝战胜了炎帝，炎帝归服了黄帝，于是，两族相融，结成联盟。这场战争是华夏族形成的奠基之战与关键之战。

【4】 炎帝部族开始用犁种黍稷，并捕鱼打猎，向农耕社会发展。于是，炎帝成了中华农耕文明的奠基人。

【5】 据历史传说，炎帝部族已经会钻木取火，开始由生食向熟食发展。这样，提高了人类的生存能力和文明程度。

【6】 炎帝首先开辟市场，进行贸易，实现了“日中为市，致天下之民，聚天下之货，交易而退，各得其所”。神农发明的以日中为市、以物易物的市场，是中国货币、商业发展的起源和基石。

【7】 原始人本无衣裳，仅以树叶、兽皮遮身，神农教民治麻织布，人们开始有了衣裳，这是人类由蒙昧社会向文明社会

迈出的重大一步。

【8】 据历史记载，神农发明了乐器，他教人们削桐为琴，结丝为弦，制出了传说中的“神农琴”。这种琴发出的声音悦耳动听，能使百姓感到快乐，心情安宁。

【9】 神农时代已经开始制造弓箭，以有效地防止野兽的袭击，有力地打击外来部族的侵犯，保障人们的生命安全和劳动成果。

【10】 神农时代开始制作陶器，改善生活。在陶器发明前，人们加工处理食物，只能用火烧烤，有了陶器，人们对食物可以进行蒸煮加工，还可以贮存食物、酿酒、消毒。

【11】 为了促使人们有规律地生活，按季节栽培农作物，炎帝神农还立历日、立星辰、分昼夜、定日月，月为三十日，十一月为冬至。

【12】 在神农时代，人们在采集活动中，吃了某些动植物，会发病甚至死亡；吃了另一些动植物，却能消除或减轻身体的一些病痛。于是，神农尝试百草味，总结生活经验，形成了“药典”。后人为了纪念他，将中国的第一部医学著作命名为《神农本草经》。

【13】 炎帝管理部族，治理天下很有方法。他不望其报，不贪财物，希望天下共同富裕。他智慧过人，聪明能干，得到人们普遍尊敬。

【14】 炎帝在神农时代开创了丰富多彩的原始物质文明和精神文明，由此而形成的炎帝文化和黄帝文化融合为炎黄文化，是中华文化的源头。炎帝“功高盖日月，德厚泽后人”，永远是激励华夏儿女不屈不挠、顽强拼搏、创新发展的精神动力。

黄帝

黄帝（前2717—前2599）：古华夏部落联盟首领，中国上古时代华夏民族的共主。五帝之首，被尊为中华“人文初祖”。据说他是少典与附宝之子，本姓公孙，后改姬姓，故称姬轩辕。居轩辕之丘，号轩辕氏，建都于有熊，亦称有熊氏。也有人称之为“帝鸿氏”。

史载黄帝因有土德之瑞，故号黄帝。黄帝以统一华夏部落与征服东夷、九黎族而统一中华的伟绩载入史册。黄帝在位期间，播百谷草木，大力发展生产，始制衣冠、建舟车、制音律、创医学等。

中华第一主

[1]
黄帝号轩辕，华夏开山祖。
[2]
聪慧起生时，能言来年弱。
[3]
恰逢神农衰，正遇百姓苦。
[4]
乃习用干戈，诸侯咸宾服。
[5]
十战擒蚩尤，一胜下涿鹿。
[6]
三年战阪泉，携手相和睦。
[7]
建都涿鹿城，治国以法度。
[8]
设体分九洲，置职天下督。
[9]
命官六重禁，令臣九德树。
[10]
推算定历法，铸鼎显威武。
[11]
掘井润生活，重农种五谷。
[12]
制定度量衡，养蚕织衣着。
[13]
取竹作箫管，十二音律著。
[14]
创字呈六书，造车建舟屋。

[15]
遣兵研阵法，行军握奇图。

[16]
论病作内经，去病有理附。

[17]
实行田亩制，划分亩丈步。

[18]
中华第一主，丰功垂万古。

注释

黄帝，与炎帝共同被称为中华民族的人文始祖，是中国上古时代华夏民族的共主。全诗共十八联，比较详细地记述了黄帝出生的背景、经历和主要事迹，歌颂和凸现了黄帝为中华民族做出的卓越贡献以及在中华文明史上的至尊地位。

【1】 黄帝号轩辕，与炎帝一起被称为华夏民族的开山始祖。黄帝以统一华夏部落与征服东夷、九黎族而统一中华的功绩被载入史册。

【2】 据《史记·五帝本纪》载，黄帝“生而神灵，弱而能言，幼而徇齐，长而敦敏，成而聪明”。换句话说，黄帝一生下来就极其聪明能干，是上古时代的天才。

【3】 黄帝轩辕时代，炎帝神农部族开始衰落，诸侯相互侵伐，残害百姓，社会昏暗，人们陷入了苦难的深渊。

【4】 在这种情况下，炎帝神农由于衰落，没有力量制止诸侯的侵伐，只能看之任之。于是黄帝轩辕适应当时的需要，训练部族，惩罚凶悍，使诸侯都能听从号令，停止相互攻战。

【5】 当时，有个蚩尤率领的部落，由于生产力水平较高，武器制作精良，又加上勇猛善战，所以所向披靡，威震天下。炎帝部落无法抵挡，节节败退，于是求救于黄帝，引发了涿鹿之战。据说，这场战争打得十分艰苦，黄帝炎帝联军，与蚩尤大战十次，最后一胜才擒住了蚩尤。涿鹿战争以后，使华夏进入了一个新的历史时期，对今天的汉族来说，具有开天辟地的意义。

【6】 由于各种因素，黄帝和炎帝发生冲突，终于酿成了阪泉之战。阪泉之战是华夏集团内部两个同源共祖的远缘亲属部落间的一场争雄的战争。通过这场战争，黄帝和炎帝两个部族终于化敌为友，携手相和，融为一体，共同成为中华民族的始祖。

【7】 黄帝在涿鹿之战、阪泉之战获胜后，统一了中原各部落。于是，建都涿鹿，制定国家职官制度，如以云为名的中央职官，管理宗族事务和国家军事，又设置了左右大监，负责监督天下各个部落。

【8】 黄帝统一天下后，建立古国体制，如划野分疆，八家为一井，三井为一邻，三邻为一朋，三朋为一里，五里为一邑，十邑为都，十都为一师，十师为州，全国共分九州。同时设官司职，约120个官位管理国家。

【9】 黄帝对各级官员提出“六禁重”，即“声禁重、色禁重、衣禁重、香禁重、味禁重、室禁重”，要求官员节俭朴素，反对奢靡。同时以德治国，设立“九德之臣”，教养百姓九行，要求官员和百姓惟仁是行，修德立义，反对徇私枉法。

【10】 黄帝统一各部落后，大力推进历法的研究，比炎帝

的历法推算更进了一步；同时在把华夏分为九州的基础上，在荆山（位于陕西中部）铸鼎，以显示国家和部族的“威武”。

【11】 黄帝轩辕的重要功绩之一是“艺五种”。“五种”是指“黍、稷、菽、麦、稻”五谷。比起炎帝神农仅能种植黍、稷，其品种增加了三种，说明黄帝使当时的原始农业有了进一步的发展。据说，黄帝还能认识不同的土壤，懂得选择良种。黄帝还在水位较低的黄河流域，开凿水井，滋润了百姓的生活，提高了农业文明的程度。

【12】 黄帝轩辕的上古时代，已经开始出现原始“数学”，并制定度量衡，规范市场的贸易行为。同时，黄帝教百姓种植桑树，养蚕织衣，提高了人们衣着文化的水平。

【13】 黄帝教百姓取谷之竹以作箫管，定五音十二律，丰富了人们的娱乐生活，提高了人类文明的程度，特别是五音十二律的制定，合符今天的音乐思维，在人类的音乐发展史上，具有较大的作用。

【14】 据历史记载，黄帝上古时代已经有了文字的“萌芽”。传说，仓颉是黄帝手下主管制作文字的大官，那时已经具有了“六书之法”。另有资料显示，黄帝时代已经出现舟车、弓矢、房屋等的发明。

【15】 黄帝上古时代，已经出现兵法的研究，据说主管军事的风后握有奇图，懂得行军布阵的方法，且能在实战中进行运用。

【16】 黄帝上古时代，在炎帝的基础上，对疾病的研究有了新的发展。据说，黄帝与医官经常讨论医理，后来写下了《黄帝内经》。《黄帝内经》不仅是中国医学史上的第一本专著，

而且涉及多方面的知识。今天，对《黄帝内经》的研究已经形成一个热潮，研究者和读者都为这本书的精细论述和科学观点所折服。

【17】 黄帝在农业生产方面有许多创造发明，其中主要是实行田亩制。黄帝以步丈亩，以防争端。将全国土地重新划分，划成“井”字，中间一块为“公亩”，归政府所有，四周八块为“私田”，由八家合种。

【18】 黄帝在位时间长久，国势强盛，政治安定，文化进步，有众多的发明和创造，相传尧、舜、禹等都是他的后裔。他为中华文明的发展奠定了厚实的基础，为华夏民族的形成作出了巨大的贡献。总之，他是“中华第一主，丰功垂万古”。

第二篇

先秦

◎周文王——一代明君周文王

◎周公——周公元圣位不让

◎老子——华夏道学开先河

◎孔子——儒家开山孔先圣

◎孙子——东方兵学开山祖

◎墨子——墨家先祖宋翟公

◎鲁班——土木开山公输盘

◎商鞅——法家巨擘公孙鞅

◎孟子——儒学巨俊并孔孟

◎庄子——唯有庄周不同流

◎荀子——一代显学美荀卿

◎韩非子——法家学说集大成

◎屈原——浪漫先祖屈灵均

◎李冰——李冰大禹共水圣

周文王

周文王姬昌（前 1152—前 1056），姬姓，名昌，是周太王之孙，季历之子，周朝奠基者。其父死后，继承西伯侯之位，故称西伯昌，在位 50 年，是中国历史上的一代明君。

周文王在位期间，“克明德慎罚”，勤于政事，重视发展农业生产，礼贤下士，广罗人才，拜姜尚为军师，问以军国大计，使“天下三分，其二归周”；收附虞、芮两国，攻灭黎（今山西长治）、邘（今河南沁阳）等国；建都丰京（今陕西西安），为武王灭商奠基；旧传《周易》为其所演。除此之外，创周礼，被后世儒家所推崇。孔子更是称其为“三代之英”。

一代明君周文王

[1]
商纣无道生姬昌，一代明君周文王。

[2]
父逝继位西伯侯，效祖承业西岐邦。

[3]
勤政躬田兴农耕，好德揽士觅才良。

[4]
礼下贤者用辛甲，武上能人拜吕望。

[5]
九一而助收租税，物流互通促经商。

[6]
羑里拘狱周旋释，洛河献地仁义扬。

[7]
虞芮尊裁息纷争，诸侯信断相礼让。

[8]
攻邗灭密拓国土，戡黎伐崇开边疆。

[9]
天下三分有其二，丰京迁都筑宫墙。

[10]
演化周易穷千物，源滋百家尽万象。

[11]
病榻保训嘱周武，崇尚中道和阴阳。

[12]
五十治政民丰裕，九十驾鹤国富强。

[13]
穆穆文王诗雅颂，三代之英孔褒奖。

[14]
中华文化奠基人，内圣外王清君榜。

注释

周文王姬昌，是周朝的奠基人，是中国历史上的一代明君。全诗共十四联，记述了周文王继位、承业、勤政、好德、礼贤、拜能，以及治理国家、拓展疆土、演化周易、病榻嘱儿的主要经历和突出事迹，颂扬了他为国为民的重大贡献和治国爱民的卓越才华。

【1】 商朝末年，纣王无道，暴虐百姓，残害忠良，整个社会暗无天日。正是这样的时代背景和社会现状，孕育出了中国历史上一代明君周文王。

【2】 周文王之父季历励精图治，对周国周边的戎狄部落发动了一系列的战争，取得了辉煌的胜利。周国势力的不断扩张，引起了商王的猜忌。商王文丁为了遏制周族势力，以封赏为名，将季历召唤到殷都，封为“周西伯”，为西方诸侯之长，实则软禁了一段时间后以莫须有的罪名杀害。季历死后，姬昌继位，即为周文王，也成西伯侯。

【3】 周文王勤于政事，广罗人才，许多外部落的人才以及商纣王朝的贤士都来投奔，他都能予以任用。周文王鼓励农耕，身体力行，亲自下田耕作，为百姓做出榜样。

【4】 周文王对先后归附在他部下的人才，如伯夷、叔齐、太颠、闳夭、散宜生、鬻熊、辛甲等人，都能以礼相待，加以重用，如拜吕尚为军师，问以军国大计，让他们献计献策，为周国的发展服务。

【5】 周文王对内奉行德治，提倡“怀保小民”，大力发展

农业生产，采用“九一而助”的政策，即划分田地，让农民助耕公田，纳九分之一的税。商人往来不收关税，有人犯罪妻子儿女不连坐，实行封建制度初期的政治——裕民政治。

【6】 周文王治国，得到了商王的赞赏，受封为三公。周国力增强壮大，引起商王朝的不安。商王听从亲信的谗言，将周文王拘于羑里（今河南汤阴）。周臣散宜生重价贿赂商王，进行暗中周旋，周文王被赦出狱。周文王出狱后，向商王表示愿意献地以换取废除炮烙之刑。商王答应了周文王的要求，废除了炮烙之刑。由此，周文王得到了天下百姓的爱戴。

【7】 周文王时，诸侯国虞国、芮国发生纠纷，没有办法想请文王仲裁。及到周地，看到周国人相互谦让，长幼有序，非常惭愧，终于相互礼让而去。诸侯听闻了这件事，凡是有矛盾纠纷都请文王评判。此时文王还是一介诸侯，却成为其他诸侯的道德楷模。于是，在诸侯的拥护下，周文王开始称王。

【8】 周文王二年，攻灭邗国，三年攻灭密国，五年攻灭黎国，解除了周国北方和西方的后顾之忧。通过开拓疆土，构成了对商朝都城朝歌的直接威胁。

【9】 周文王六年，攻灭崇国，占有丰邑，建都丰京。接着，又向南扩展到长江、汉水流域，形成了“三分天下有其二”的形势。

【10】 据《史记》记载，“文王拘而演周易”。今天的周易就有周文王整理的功劳，从中可以看出他的一些政治理念。经过历代文人的加工，周易已经成了中国的圣经、诸子百家的源头。

【11】 据清华大学历史专家研究，清华简《保训篇》是周

文王给儿子周武王的遗嘱，从中可以看出周文王的核心思想就是“中道”。

【12】 周文王在位五十年，他预感到自己将要离开人世，于是向其继承人传授保训，嘱咐周武王要恭敬做事，不要放纵自己。周文王享寿九十六，葬于毕。太子姬发继位，即为周武王。

【13】 周文王在中国历史上，是一位真正的明君。他在位时，得到了百姓的爱戴、诸侯的尊重；他去世后，得到了后人的赞赏，特别是名人雅士的称道。如《诗经·大雅·文王》：“穆穆文王，于缉熙敬止。”孔子：“大道之行也，与三代之英……”总之，人们对他赞誉有加，没有贬语。

【14】 中国古人普遍有崇古心理，效法上古圣贤之君，效法“三代”之法。周文王就是人们心目中的完美形象。

由于文献残缺，人们对周文王的了解未必很多，周礼也未必很完美，但是作为人们对于清明之君、清明之制的一种向往，它的意义是积极的，可以说周文王是中华文化的奠基人，内圣外王的清君榜样。

附录

文 王

周·周公

文王在上，於昭于天。周虽旧邦，其命维新。有周不显，帝命不时。文王陟降，在帝左右。

亹亹文王，令闻不已。陈锡哉周，侯文王孙子。文王孙子，本支百世，凡周之士，不显亦世。

世之不显，厥犹翼翼。思皇多士，生此王国。王国克生，维周之桢；济济多士，文王以宁。

穆穆文王，於，缉熙敬止！假哉天命，有商孙子。商之孙子，其丽不亿。上帝既命，侯于周服。

侯服于周，天命靡常。殷士肤敏，祼将于京。厥作祼将，常服黼冔。王之荩臣，无念尔祖！

无念尔祖，聿修厥德。永言配命，自求多福。殷之未丧师，克配上帝。宜鉴于殷，骏命不易！

命之不易，无遏尔躬。宣昭义问，有虞殷自天。上天之载，无声无臭。仪刑文王，万邦作孚！

注释：

《文王》，《诗经·大雅·文王之什》的第一篇。

为先秦时代的汉族诗歌。全诗七章，每章八句。歌颂周王朝的奠基者文王姬昌。

朱熹《诗集传》据《吕氏春秋·古乐》篇为此诗解题曰："周人追述文王之德，明国家所以受命而代殷者，皆由于此，以戒成王。"这指明此诗创作在西周初年，作者是周公。后世说《诗》，多从此说。

周公

周公（前 1100—?），姓姬名旦，是周文王姬昌第四子，周武王姬发的弟弟，曾两次辅佐周武王东伐纣王，并制作礼乐。因其采邑在周，爵为上公，故称周公。周公是西周初期杰出的政治家、军事家、思想家、教育家，被尊为“元圣”和儒学先驱、奠基人。

周公一生的功绩被《尚书·大传》概括为：“一年救乱，二年克殷，三年践奄，四年建侯卫，五年营成周，六年制礼乐，七年致政成王。”

周公摄政七年，提出了各方面的带根本性典章制度，完善了宗法制度、分封制、嫡长子继承法和井田制。

周公元圣位不让

[1]
中华文化千世旺，西周姬旦先祖创。

[2]
父崩兄继姬发立，摄相率臣辅武王。

[3]
周军驰进战牧野，纣兵倒戈灭殷商。

[4]
武王早终成王幼，挺身摄政孚众望。

[5]
东西分治树界石，二次东征拓边疆。

[6]
卜都定鼎营洛邑，地坦水汇通四方。

[7]
分封血亲建诸侯，册赐功臣立藩邦。

[8]
七十一国拱王室，三十一侯卫中央。

[9]
象舞配诗祭先辈，尊卑贵贱宗法扬。

[10]
王位更替系盛衰，嫡长子继关兴亡。

[11]
还政成王作无逸，北面就臣后世仰。

[12]
冶智博识贯天地，砺品高洁人格亮。

[13]
儒学之兴其是源，成康之治其为酿。

[14]
孔丘顶礼梦周公，孟轲膜拜见偶像。

[15]
纵览华夏文明史， 周公元圣位不让。

注释

周公是西周初期杰出的政治家、军事家、思想家、教育家，被尊为“元圣”和儒学先驱、奠基人。全诗共十五联，记述了周公摄相、灭商、摄政、拓疆、建都、分封、定法、立制的主要经历和杰出功绩，歌颂了他卓越的才华和崇高的品质。

【1】 中华文化的发展和兴旺，离不开周公的实践和创造。他既是创建西周奴隶制王朝的开国元勋，又是促进西周王朝发展的主要决策人。他提出的许多宝贵思想，超越前人，影响后世。

【2】 周公，是周武王姬发之弟。周文王姬昌还在世时，周公作为儿子非常孝顺，忠厚仁爱，胜过其他兄弟。周文王去世后，周武王姬发继位，周公就担任辅相，率领众大臣辅佐周武王。无论军国大事，还是其他的疑难小事，周武王总是与周公商讨。

【3】 商朝殷纣王暴虐天下，把国内政治搞得一片混乱。于是，周武王在周公等大臣的帮助下，大会天下诸侯，进军牧野。殷纣王发兵抵挡，结果纣军倒戈，往回冲杀，纣军溃败。殷纣王登上鹿台，自焚而死。这样，商朝灭亡，周朝取代，周武王成为天子。

【4】 周武王灭商两年后去世，周成王尚幼，还不能理政。

周公怕天下人听说周武王死而背叛朝廷，就挺身而出，不负众望，登位替周成王处理政务，主持国家大权。

【5】 当时，西周天下很不稳定，周公和召公二人决定分陕而治。于是，凿了一根高三米五的石柱栽于分界之处，称为“立柱为界”。周公、召公以此为界，把周王朝统治区分为东西两大行政区，周公管理陕之东，召公管理陕之西。这根石柱，是中国历史上最早的界石。

西周初期，部分诸侯勾结殷纣王的残余势力，反叛周朝。周公就奉周成王之命，组织两次东征，平定反叛，取得了辉煌的胜利。东征以后，周朝成为东至海，南至淮河流域，北至辽东的泱泱大国。

【6】 周公秉承周武王的遗志，经过占卜和与众大臣的商量，建都洛邑。洛邑，地势平坦，土壤肥沃，四水汇流，是东西交通的咽喉要道，是建都的好地方。

【7】 周都洛邑建成之后，周公召集天下诸侯举行盛大庆典。在这里，正式册封天下诸侯，并且宣布各种典章制度，谋划周王朝的长治久安。

【8】 周公在总结历史经验基础上，创立了分封制度。周公根据当时的历史实际，把周王室中姬姓成员和姻亲功臣，按尊卑贵贱、血缘亲疏的等差，分别将他们派往被征服地域，建立封国——地方政权，由他们代表周王室，行使对各地方的直接统治权。据历史记载，周公一共建立了七十一国，分封了三十一侯，以拱卫周朝王室，保护中央政权。

【9】 周公摄政期间，在继承《万》舞的基础上，在六年制礼作乐时，制作了歌颂周武王武舞《象》和表现周公、召公分

职而治的文舞《酌》，合称《大武》；七年洛邑建都告成，为了祭祀周文王，周公又主持为传统的《象》舞配以新的诗歌，制作了表现文王武功的《象》舞。周公还按照尊卑贵贱，规定了舞的适用范围和要求。

【10】 在中国历代王朝更替的过程中，王位的继承一直是一个严峻的问题，影响国家政局的稳定和王朝的盛衰。周公在总结历史经验的基础上，把商殷传弟和传子并存的制度，明确改为传子制。其目的是加强父权制，维护周天子的统治。

【11】 周公摄政六年，此时周成王已经长大，周公决定还政于成王。在还政前，周公作《无逸》，以殷商的灭亡为前车之鉴，告诫周成王要知道治国之艰难，不要纵情于声色、安逸、游玩和田猎。然后“还政成王，北面就臣位”。周公还政后，把主要精力用于制礼作乐，继续完善各种典章制度。

【12】 周公博学多识，才华横溢，品性纯洁，人格亮丽。汉初大思想家贾谊评价：周公冶大德大功于一身，是“孔子之前，黄帝之后，与中国有大关系者，周公一人而已”。

【13】 自春秋以来，周公被历代统治者和学者视为圣人，尊为儒学奠基人，一句话，中国儒学的源头是周公。周公的主政，为以后出现的“成康之治”打下了扎实的政治基础，创造了有利的文化条件。

【14】 儒学的代表人物孔子、孟子都十分崇拜周公。孔子说：“甚矣吾衰也！久矣吾不复梦见周公。”孟子首称周公为古圣人，将周公与孔子并论。之后的许多学者、伟人，都把周公作为制礼作乐的先祖，作为中国文化的奠基者。

【15】 纵览华夏文明史，周公不失为我国古代第一位大政

治家、大思想家。在周公思想的影响下，中华民族逐渐形成了其独特的政治观、历史观、教育观和价值观。概而言之，在中国历史上，“周公元圣位不让”。

附录

周公吐哺，天下归心

“周公吐哺，天下归心”出自东汉文学家、诗人、军事家曹操的诗歌《短歌行》。“周公吐哺”的典故则出于《韩诗外传》卷三：“成王封伯禽（周公之子）于鲁，周公诫之曰：‘往矣！子其无以鲁国骄士。吾文王之子，武王之弟，成王之叔父也，又相天下，吾于天下，亦不轻矣。然一沐三握发，一饭三吐哺，犹恐失天下之士。’”

《三十世家·鲁周公世家》节选

西汉 · 司马迁

周公旦者，周武王弟也。自文王在时，旦为子孝，笃仁，异於群子。及武王即位，旦常辅翼武王，用事居多。武王九年，东伐至盟津，周公辅行。十一年，伐纣，至牧野，周公佐武王，作牧誓。破殷，入商宫。已杀纣，周公把大钺，召公把小钺，以夹武王，衅社，告纣之罪于天，及殷民。释箕子之囚。封纣子武庚禄父，使管叔、蔡叔傅之，以续殷祀。遍封功臣同姓戚者。封周公旦於少昊之虚曲阜，是为鲁公。周公不就封，留佐武王。

老子

老子（前571—前471），姓李名耳，字聃，一字或曰谥伯阳。楚国苦县厉乡曲仁里人，是我国古代伟大的哲学家和思想家、道家学派创始人，被唐朝帝王追认为李姓始祖。

老子乃世界文化名人，世界百位历史名人之一，存世有《道德经》（又称《老子》），其作品的精华是朴素的辩证法，主张无为而治，其学说对中国哲学发展具有深刻影响。

在道教中，老子被尊为道教始祖。老子与后世的庄子并称“老庄”。

华夏道学开先河

[1]
春秋诸子百家首，华夏道学千年头。
[2]
自幼静思好问学，师从商容得教授。
[3]
遇荐千里登龙门，辞母百日入京周。
[4]
博通礼乐知之源，深明道德晓之流。
[5]
六年藏室吏迁史，名闻遐迩日渐久。
[6]
孔子问礼迢迢来，老子回应循循诱。
[7]
母丧沉思论生死，悼娘冥想重负舍。
[8]
周室内乱辞旧职，函谷著书骑青牛。
[9]
上下两篇道德经，五千余字哲理谋。
[10]
宇宙万物道为本，朴素唯物观点有。
[11]
阴阳相对会转化，朴素辩证方法留。
[12]
无为而治为有为，道为德体德为求。
[13]
全球时兴老子热，译文六十遍欧洲。
[14]
李耳遗产国际享，老聃奇学世界究。

注释

老子，是中国最伟大的哲学家、思想家之一，被道教尊为教祖，是世界文化名人。全诗共十四联，记述了老子好问、求学、入仕、著述的主要经历，以及主要的思想观点，颂扬了老子为中国文化做出的贡献，以及其在中国、世界文化史上的崇高地位。

【1】 老子是春秋诸子百家之首，是华夏道学的开山祖。他的哲学思想和由他创建的道家学派，不但对中国古代思想文化的发展作出了重要贡献，而且对中国 2 000 多年来思想文化的走向产生了深远的影响。

【2】 老子自幼聪慧，静思好学，喜爱听国家兴衰、战争成败、祭祀占卜、观星测象之事。老子母亲请了一名精通殷商礼乐的商容先生教授。商容通天文地理，博古今礼仪，深受老子一家的敬重。少年时的老子师从商容，学到了很多的知识，懂得了不少的道理。

【3】 商容老先生教授老子三年，来向老子母亲辞行："老夫识浅，聃儿思敏，三年而老夫之学授?"并推荐老子到其师兄周太学博士那里去学习。于是，三天后，老子跪谢先生，辞别母亲，"登龙门"，"入京周"，拜商容老先生师兄周太学博士为师，学习知识。

【4】 老子入周，太学、天文、地理、人伦，无所不学，《诗》《书》《易》《历》《礼》《乐》，无所不览，文物、典章、史书，无所不习。三年后，博通礼乐，深明道德，并能知之源、

晓之流，学业大进，小有名声。

【5】 老子学习勤奋，业有所成，于是周太学博士推荐其进入守藏室，担任小吏。守藏室是周朝典籍收藏之所，集天下之文，收天下之书，汗牛充栋，无所不有。老子身处其中，如蛟龙入海，海阔鱼跃，如饥似渴，博览群书。三年后，又升迁为守藏室主管，名闻遐迩，影响日盛。

【6】 公元前523年的一天，孔子报请鲁国国君批准，在弟子南宫敬叔的陪同下，前往京周，向老子问礼。老子见孔子千里迢迢而来，热情授学，同时还推荐孔子向乐官学习乐律、乐理，向祭官学习典章礼仪。孔子对老子的授学和帮助，感叹不已。

【7】 老子担任西周守藏室主管，转眼三十多年过去。一日，老子得讯，母亲病危，于是报请天子，回家省亲。老子回家，见母亲已逝，悲痛欲绝，寝食俱废，沉思冥想，突然恍然大悟，如释重负，愁苦消解，通生死之理，晓生死之道。

【8】 公元前516年，周朝王室发生内乱，周敬王受迫。在内乱中，周王子朝势孤力单，与旧僚携带周王室典籍逃亡楚国。老子因此蒙受失职之责，受牵连而辞去旧职。于是，他离开京周，骑一青牛，欲出函谷关，西游秦国。函谷关守关官员关尹，获此音讯，夹道焚香，迎接老子，并请老子留下著书，且愿代替老子传于后世，造福万代。

【9】 老子答应关尹的请求，以王朝兴衰成败、百姓安危祸福为鉴，探其因，溯其源，著上、下两篇，共五千字。上篇起首为“道可道，非常道；名可名，非常名”，故人称《道经》。下篇起首为“上德不德，是以有德；下德不失德，是以无德”，

故人称为《德经》，合称《道德经》。《道德经》虽仅五千字，却蕴含无穷无尽的哲理。

【10】 老子以道解释宇宙万物的演变，以为“道生一，一生二，二生三，三生万物”，因而“人法地，地法天，天法道，道法自然”。老子的论“道”，隐含朴素的唯物观点。

【11】 老子认为一切事物均具有正反两面，并能由对立而转化，包含大量朴素辩证法的观点。此外，书中也有大量的民本思想，应该说，在那个时代老子有这样的认识，是难能可贵的。

【12】 老子试图建立一个囊括宇宙万物的理论。老子书中的“无为”并不是以“无为”为目的，而是以“有为”为目的的。因为在人类的活动中，“无为”会转化为“有为”。这种思想的高明之处在于，虽然主观上不以取得利益为目的，客观上却可以更好地实现利益。

老子《道德经》的基本思想结构是：道是德的“体”，德是道的“用”。这种思想认识及其构成是非常独特的，体现了老子的思维风格和认知特征。

【13】 老子的著作、思想已经成为世界文化遗产的宝贵财富。欧洲从十九世纪初，就开始了对《道德经》的研究，到二十世纪的四五十年代，欧洲共有六十多种《道德经》译文，德国哲学家黑格尔、尼采，俄国大作家托尔斯泰等世界著名学者对《道德经》都有深入的研究，并都有专著或专论问世。

【14】 英国科学家李约瑟一生研究中国，他说，中国文化就像一棵参天大树，而这棵参天大树的根在道家。在现时的德国、法国、英国、美国、日本等发达国家相继兴起了“老子

热”，《道德经》一书在这些国家一版再版。20 世纪 80 年代，据联合国教科文组织统计，在世界文化名著中，译成外国文字出版发行量最大的是《圣经》，其次就是《道德经》。

通览整个世界，可以这样说，对老子的学说的研究，真正达到了“李耳遗产国际享，老聃奇学世界究”的程度。作为一个现代中国人，应该以此为荣，应该引以为豪。

附录

《道德经》节选（第一章）

春秋·老子

道可道，非常道。名可名，非常名。

无名天地之始；有名万物之母。

故常无，欲以观其妙；常有，欲以观其徼。

此两者，同出而异名，同谓之玄。玄之又玄，众妙之门。

老子赞

唐·李世民

老君乘范，义在于清虚。

释迦贻则，理存于因果。

源出无名之始，事高有形之外。

迈两仪而运行，包万物而亭育。

孔子（前 551—前 479），名丘，字仲尼，祖籍宋国夏邑（今河南省商丘市夏邑县），生于春秋时期鲁国陬邑（今山东省曲阜市）。中国著名的大思想家、大教育家、政治家。孔子开创了私人讲学的风气，是儒家学派的创始人。

孔子带领部分弟子周游列国十四年，晚年修订六经，即《诗》《书》《礼》《乐》《易》《春秋》。相传他有弟子三千，其中七十二贤人。孔子去世后，其弟子及其再传弟子把孔子及其弟子的言行语录和思想记录下来，整理编成儒家经典《论语》。

儒家开山孔先圣

[1]
春秋诸子谁显神，儒家开山孔先圣。
[2]
诞生鲁国昌平乡，三岁曲阜随母征。
[3]
十五立志做学问，二十思仕理国政。
[4]
三十入任管畜牧，曾向老子礼仪问。
[5]
四十摄相隳三都，终因不合启游程。
[6]
周游列国路坎坷，诸侯敬而不委任。
[7]
明知不可偏前行，守理持想意坚韧。
[8]
十四止游归故里，七十三卒葬鲁城。
[9]
孔学立基性善底，思想核心在礼仁。
[10]
政治终极建大同，小康目标有四证。
[11]
重义轻利比君子，见利忘义喻小人。
[12]
有教无类创私学，因材施教方法论。
[13]
美善相统以养性，诗书礼乐以修身。
[14]
游历三式览学仕，倡导两重品沉稳。

[15]
发愤忘食历艰辛，乐以忘忧度危困。
[16]
一生为善立标杆，自悟六段树基准。
[17]
微言大义著春秋，寓以褒贬乱臣憎。
[18]
六经修复千世读，论语流传万代润。
[19]
天纵元圣古时封，世界名人今朝尊。

注释

孔子，中国著名的大思想家、大教育家、大政治家，在中国历史上享有崇高的地位。全诗共十九联，记述了孔子出身、求学、理政、周游、治学的主要经历，以及孔学的核心、目标与主要观点，歌颂了孔子高尚的品行和为中华文化做出的卓越贡献。

【1】 春秋诸子百家，有两大显学，一是儒学，二是墨学。孔子是儒家学派的创始人，是当时社会上最博学者之一，被后世尊为孔圣人、至圣、至圣先师、万世师表。其儒学思想对中国和世界都有极其深远的影响。

【2】 孔子的祖上是殷商王室的后裔、宋国的贵族，先祖是商朝开国君主商汤。孔子的父亲是叔梁纥，母亲是颜征。孔子诞生于鲁国昌平乡，出生时头顶凹陷，故其母曾祈祷于尼丘山，故名丘，字仲尼。

孔子三岁的时候，其父病逝，其母带着孔子至曲阜，过着清贫的生活。孔子十九岁，迎娶宋国之女为妻，成家立业。

【3】孔子十五岁立志，开始做学问，二十多岁起，就想走仕途，所以对天下大事非常关注，经常思考治理国家的诸种问题，也常发表一些见解。不久，孔子开始为委吏，管理仓库。

【4】到三十岁时，孔子担任管理畜牧的职务，已有些名气，所以也自称三十岁前后有所成就。这一年，齐景公与晏婴来出访鲁国时，召见了孔子，孔子由此结识了齐景公。根据历史记载，孔子曾与学生南宫敬叔千里迢迢，赶到周朝京都，向老子问礼，得到了老子的热情授学和有力帮助。

【5】孔子至四十岁，经过几十年的磨炼，对人生各种问题有了比较清楚的认识，所以自称四十而不惑。公元前499年，孔子升为鲁国大司寇，摄相事。为了削弱三桓（鲁桓公的三个儿子的后代，故称三桓），拆毁三桓所建城堡，史释“隳三都”。但后来半途而废，孔子与三桓的矛盾也越来越深，被迫离开鲁国，开始了周游列国的旅程，这一年，孔子五十五岁。

【6】孔子带领弟子周游列国，但路途艰难，情势危险。在当时诸侯争霸、礼崩乐坏的情况下，诸侯各国对孔子的学说，敬而不用，更不要说入仕从政了。孔子在周游列国中，常被人嘲笑，他称自己颓丧的样子如同“丧家之犬”。

【7】孔子虽然周游列国，诸侯敬而不用，屡遭挫折，但孔子对于自己的思想、观点、行为毫不动摇，“明知不可偏前行”，始终坚持自己的理想，表现出顽强、坚韧的意志。

【8】孔子周游列国十四年，回到鲁国，继续从事教育及整

理文献工作。这一年冬天，其儿子孔鲤去世，不久，最得意的弟子颜回、子路也死了，孔子十分悲伤。公元前 479 年 4 月 11 日，孔子病卒，终年七十三岁，葬于鲁城。

【9】 孔子学说以性善立基，思想的核心在礼仁。孔子的仁说，体现了人道精神，孔子的礼说，则体现了礼制精神，即现代意义上的秩序和制度。孔子的这种人道主义和秩序精神是中国古代社会政治思想的精华。

【10】 孔子晚年时期的最高理想称之为“大同”，在大同的世界里，天下的人，不只是以自己的家人为亲，不只是以自己的父母儿女为爱，而是相互敬爱，爱天下所有的人。小康社会是孔子主张的较低的政治目标，虽然没有大同世界那样完美，但有正常秩序，有礼、仁、信、义四证。这种社会实际上描述的是私有制产生后的阶级社会的“盛世”。

【11】 孔子所谓的“义”，是一种社会道德规范，“利”指人们对物质利益的谋求。在“义”“利”两者的关系上，孔子把“义”摆在首要地位。他认为，只有符合义的利，才能获取。所以，他把“重义轻利比君子，见利忘义喻小人”。

【12】 孔子在教学方法上，要求教师有“有教无类”“经邦济世”的教育观，“因材施教”“启发式”的方法论，注重童蒙、启蒙教育。

【13】 孔子的美学思想核心为“美”和“善”的统一，也是形式与内容的统一。孔子提倡“诗教”，即把文学艺术和政治道德结合起来，把文学艺术当作改变社会和政治的手段、陶冶情操的重要方式。孔子认为，一个完人，应该以诗、礼、乐修养身心。

【14】孔子一生游历丰富，主要有三种形式：游览、游学、游仕。也就是说，孔子在游中问学教学，游中求仕入仕，游中生情冶情，游中悟道传道。在旅行中，孔子注重文化之旅，倡导“山水比德”的审美观、体验观，并主张旅游要健康有度，反对佚游，保护身心。

【15】孔子六十二岁时，曾这样形容自己：“其为人也，发愤忘食，乐以忘忧，不知老之将至云尔。”孔子周游列国，九年历尽艰辛，危险常有，但他不是知难而退，仍然乐观向上，明知其不可为而为之。这也就是孔子的人生观。

【16】孔子创立了以仁为核心的道的学说，他自己也是一个很善良的人，富有同情心，乐于助人，带人真诚、宽厚，为他人为善树立了标杆。孔子说：“吾十有五而志于学，三十而立，四十而不惑，五十而知天命，六十而耳顺，七十而从心所欲，不逾矩。”这是孔子自悟的六段基本准则。

【17】孔子作春秋，乱臣贼子惧，往往一个字的评语，就把乱臣贼子永远钉在历史的耻辱柱上。如“弑”字是专指晚辈或臣子杀长辈或君王，而有道伐无道则用“讨”字，偃旗息鼓地偷袭则称“侵”。所以孔子自己也说：“知我者，其惟《春秋》乎！罪我者，其惟《春秋》乎！”

【18】孔子的一生，贡献巨大，主要表现在两个方面，一是修复《六经》——《诗》《书》《礼》《乐》《易》《春秋》，二是著述《论语》。《六经》和《论语》是儒家经典，是中华文化瑰宝，在中国历史上发挥了无可取代的作用，滋润了一代又一代的华夏子孙。

【19】孔子在中国文化史上的优秀事迹和卓越贡献，受到

了后人的尊重，古代封他为“天纵之圣”。在二十一世纪的今天，儒家学说不仅在中国，而且在全世界影响广泛，孔学成为全球的热学，孔子成为世界文化的名人。

附录

《论语》节选

子曰：“学而时习之，不亦说（yuè）乎？有朋自远方来，不亦乐乎？人不知而不愠，不亦君子乎？”（《学而》）

曾子曰：“吾日三省（xǐng）吾身：为人谋而不忠乎？与朋友交而不信乎？传不习乎？”（《学而》）

子曰：“温故而知新，可以为师矣。”（《为政》）

子曰：“学而不思则罔（wǎng），思而不学则殆（dài）。”（《为政》）

子曰：“由，诲女（rǔ）知之乎！知之为知之，不知为不知，是知（zhì）也。”（《为政》）

子曰：“见贤思齐焉，见不贤而内自省（xǐng）也。”（《里仁》）

子曰：“三人行，必有我师焉。择其善者而从之，其不善者而改之。”（《述而》）

曾子曰：“士不可以不弘毅，任重而道远。仁以为己任，不亦重乎？死而后已，不亦远乎？”（《泰伯》）

子曰：“岁寒，然后知松柏之后凋也。”（《子罕（hǎn）》）

子贡问曰：“有一言而可以终身行之者乎？”

子曰：“其恕乎！己所不欲，勿施于人。”（《卫灵公》）

孔 子

宋 · 王安石

圣人道大能亦博，学者所得皆秋毫。
虽传古未有孔子，蠛蠓何足知天高。
桓魋武叔不量力，欲挠一草摇蟠桃。
颜回已自不可测，至死钻仰忘身劳。

孙武（约前 545—前 470），字长卿，齐国乐安人，春秋时期著名的军事家、政治家，尊称兵圣。后人尊称其为孙子、孙武子、百世兵家之师、东方兵学的鼻祖。

著有《孙子兵法》十三篇，为后世兵法家所推崇，被誉为“兵学圣典”，置于《武经七书》之首。《孙子兵法》在中国乃至世界军事史、军事学术史和哲学思想史上都占有极为重要的地位，并在政治、经济、军事、文化、哲学等领域被广泛运用。被译为英文、法文、德文、日文，成为国际间最著名的兵学典范之书。

东方兵学开山祖

[1]
春秋诸子出孙武，东方兵学开山祖。
[2]
生于世家谙军事，曾在蒙山习经书。
[3]
游历考古察地势，离齐避乱隐罗浮。
[4]
伍员七荐晋吴五，军政治述获赞慕。
[5]
奉主操练不君命，令行禁止美姬服。
[6]
西克两城擒守将，五战入郢几亡楚。
[7]
精设奇谋服勾践，巧置诈兵越屈辱。
[8]
乘时入世无变有，适机出俗有化无。
[9]
功成名就遁山林，修闲自乐润兵著。
[10]
十三篇文今犹在，五千余字真谛悟。
[11]
庙算理论浑然成，安国保民和平图。
[12]
五事七计战略筹，不战屈敌求胜速。
[13]
知彼知己先为上，百战不殆后归属。
[14]
武学智慧走世界，兵著深邃向百物。

[15]
千世公认兵家圣，万代共尊军帅主。

注释

孙子，是春秋时期著名的军事家、政治家，后人尊称其为兵圣。全诗共十五联，记述了孙子的出身、习经、入仕以及军事生涯、兵家著述，歌颂了其在军事上的突出事迹和兵论上的伟大贡献。

【1】 中国古代春秋时期，有文武两大圣人，一位是文圣孔子，他是儒家的鼻祖；一位是武圣孙子，他是兵学的鼻祖。这一文一武两位圣人，均对中国文化作出了巨大的贡献，具有崇高的历史地位。

【2】 孙子出身于一个封建领主贵族的家庭，他的曾祖父、祖父都是善于带兵作战的将领。孙子在这样的家庭中，从小潜移默化，谙通军事。公元前 526 年—前 525 年，孙子曾在蒙山求学，这为他后期的发展打下了坚实的基础。

【3】 公元前 524 年—前 523 年，孙子游历天下，考察古战场，不久他和朝中大夫鲍国的曾孙女鲍姜成婚。公元前 517 年，孙子二十八岁时，因齐国内乱怕牵连，投奔吴国。在路上，结识了从楚奔吴的伍子胥，并与其一见如故。随后孙子隐居在罗浮山，等待发展的机会。

【4】 公元前 512 年，在伍子胥的七次推荐下，孙子见到了吴王阖闾。在吴王接见时，孙子将在隐居期间写成的《孙子兵法》献给吴王，得到了阖闾的赏识，并被任命为吴

国将领。

【5】 吴王为考察孙子的统兵能力，挑选一百多名宫女由孙子操练。在操练中，宫女不听号令，队形大乱，孙子立斩两名队长（吴王宠爱的两名美姬），并毫不留情地说："臣既然受命为将，将在军中，君命有所不受。"之后的训练，宫女遵守规矩，队形十分齐整。

【6】 公元前508年，吴国采用孙子的战略，击败楚师，攻克两城，活捉楚将公子樊。公元前506年，吴军继续采用孙子的策略，攻打楚国。最后在孙子、伍子胥的直接指挥下，经过五次大战，只用十几天的功夫，就攻入楚都郢，几乎灭亡楚国。

【7】 公元前494年越王勾践进攻吴国。吴军在孙子、伍子胥的指挥下，在夜间布置了许多"诈兵"，偷袭越军，越军大败，越国在接连吃了几次败仗后，越王勾践只得向吴国屈辱求和。

【8】 孙子在这场大战胜利后，毅然决然急流勇退，因为他看到自己的政治主张和战争观念同现实的情况严重背离。与同朝同官的伍子胥相比，孙子高明多了，真正做到了"乘时入世，适机出俗"。

【9】 孙子乘时入世，又适机出俗，是拿得起、放得下的表现，又是人生智慧的运用。他遁隐山林，休闲自乐，润著兵学，以传世后人。

【10】 孙子一生的著作，主要是兵法十三篇，号为《孙子兵法》，共五千余字。《孙子兵法》阐述了战争中克敌制胜的规律、军队组织和建设的要求、临阵击敌的战术技巧，以及军队

的后勤保障，体现了其完整的军事思想。

【11】 孙子首次提出了战略概念——“庙算”。庙算作为军事决策及战略决策，关系到全局的胜负，理论系统缜密、首尾连贯、结构严谨。且遵循“安国保民”的和平宗旨。因此孙子在战争中始终贯彻“重战”“慎战”的基本原则。

【12】 孙子从对待战争的严肃态度出发，提出了以“道”“天”“地”“将”“法”五个要素为基础的战略运筹思想，并指出了正确估计战争全局情况的七个依据，简称“五事七计”。孙子兵法中，不战而屈人之兵的全胜论，是孙子的谋略思想核心，也是进步的人道原则体现。历史上，所谓“不战而胜”的战略思想，源于孙子的谋略。

【13】 孙子的“知彼知己，百战不殆”，是关于作战指挥的战略原理。战略上要实现有利地位，就必须以“先知”达到“先计”；唯有先知先计，才能使自己百战不殆，立于不败之地。这一点是战略指挥的普遍原理。

【14】《孙子兵法》在中国乃至世界军事史、军事学术史和哲学思想史上都占有极为重要的地位，并在政治、经济、军事、文化、哲学等众多领域被广泛运用。《孙子兵法》已被译为英、法、德、日等多种文字，在世界广为传播，影响深远。

【15】 孙子是中国乃至世界公认的兵圣。《孙子兵法》是中国古代军事文化遗产中的璀璨瑰宝，是优秀传统文化的重要组成部分。孙子和《孙子兵法》永载史册，光耀万代。

《孙子兵法》节选（始计篇）

战国·孙武

孙子曰：兵者，国之大事，死生之地，存亡之道，不可不察也。

故经之以五事，校之以计而索其情：一曰道，二曰天，三曰地，四曰将，五曰法。道者，令民与上同意也，故可以与之死，可以与之生，而不畏危。天者，阴阳、寒暑、时制也。地者，远近、险易、广狭、死生也。将者，智、信、仁、勇、严也。法者，曲制、官道、主用也。凡此五者，将莫不闻，知之者胜，不知者不胜。故校之以计而索其情，曰：主孰有道？将孰有能？天地孰得？法令孰行？兵众孰强？士卒孰练？赏罚孰明？吾以此知胜负矣。

将听吾计，用之必胜，留之；将不听吾计，用之必败，去之。

计利以听，乃为之势，以佐其外。势者，因利而制权也。兵者，诡道也。故能而示之不能，用而示之不用，近而示之远，远而示之近；利而诱之，乱而取之，实而备之，强而避之，怒而挠之，卑而骄之，佚而劳之，亲而离之。攻其无备，出其不意。此兵家之胜，不可先传也。

夫未战而庙算胜者，得算多也；未战而庙算不胜者，得算少也。多算胜，少算不胜，而况于无算乎！吾以此观之，胜负见矣。

墨子（约前 468—前 376），名翟，东周春秋末期战国初期宋国人。墨子是宋国贵族目夷的后代，生前担任宋国大夫。他是墨家学派的创始人，也是战国时期著名的思想家、政治家、哲学家、教育家、发明家、科学家、军事家。

墨子创立了墨家学说，墨家在先秦时期影响很大，与儒家并称“显学”。他提出了“兼爱”“非攻”“尚贤”“尚同”“天志”“明鬼”“非命”“非乐”“节葬”“节用”等观点。以兼爱为核心，以节用、尚贤为支点。墨子在战国时期创立了以几何学、物理学、光学为突出成就的科学理论。

墨家先祖宋翟公

[1]
春秋显学谁高峰，墨家先祖宋翟公。

[2]
身系布衣祖王室，器者奇师原牧童。

[3]
草鞋穿步习正道，师从儒学不认同。

[4]
舍儒立异标新说，聚徒授学业兴隆。

[5]
天意君违受天惩，平等博爱互不攻。

[6]
征桀伐纣顺天利，凌弱辱贫逆地宗。

[7]
因惟非攻谋备御，曾胜鲁班法无洞。

[8]
君民同心行义政，官贤民从赏罚崇。

[9]
节用节葬仿圣王，非乐罢乐惜民众。

[10]
寿夭安危非天命，生死富贵在人功。

[11]
认识论与逻辑学，鹤立诸子居首贡。

[12]
三表综合检真伪，三知同为验明重。

[13]
墨辩逻辑开先河，中印希腊并三雄。

[14]
宇宙整体联个体，时空有穷又无穷。

[15]
数学概念理性定，十进位制经验总。

[16]
物理研究涉多门，力学光学声传送。

[17]
机械制造善创新，谙熟百工艺精通。

[18]
团队力行信承诺，赴汤蹈火守忠勇。

[19]
经函千理惊天下，说蕴万物震苍穹。

[20]
军思教科集一身，华夏第一万杰恭。

[21]
古代倘设诺贝奖，墨翟稳摘无争讼。

注释

墨子，是中国春秋战国时期著名的思想家、政治家、哲学家、教育家、发明家、科学家、军事家。全诗共二十一联，记述了墨子的出身、创学、授业、经历和主要观点，歌颂了其超人的智慧和为中国文化作出的巨大贡献。

【1】中国春秋战国时期，有两大“显学”，一是以孔子为代表的儒学，二是以墨子为代表的墨学。在当时诸子百家的争鸣中，有“非儒即墨”之说，可见墨子在其中的影响和地位。

【2】墨子虽是没落贵族的后裔，却出身贫寒，在少年时代做过牧童，学过木工，他自称是“鄙人”，被人称为“布衣之士”。墨子曾受到过不少的文化教育，具有比较丰厚的知识。

【3】墨子从青年起穿着草鞋，步行天下，开始在各地游

学。曾从师于儒者，学习《诗》《书》《春秋》等儒家经典。但墨子批评儒者对待天帝、鬼神和命运的不正确态度，认为儒家之学华而不实。

【4】 墨子最终舍弃了儒学，另立新说，在各地聚众讲学，标新立异，以激烈的言辞抨击儒家和各诸侯国的暴政。大批的手工业者和下层人士开始追随墨子，逐步形成了墨家学派。

【5】 墨子认为天有意志，天爱民，君主若违背天意就要受到天的惩罚，反之，则会得到天的赏赐。墨子提倡平等兼爱，要求君臣、父子、兄弟在平等的基础上相互友爱，反对强欺弱、富侮贫、贵傲贱。

【6】 墨子以是否兼爱为准绳，把战争严格区分为“诛无道”和“攻无罪”，即正义与非正义两类，如禹攻三苗、商汤伐桀、武王伐纣，是诛无道的正义战争，而大攻小、强凌弱、众暴寡，是攻无罪的非正义战争。

【7】 墨子从“非攻”出发，论述了作为弱小国家如何积极防御的问题。墨子的防御包括了三个方面的内容：一是倡导积极准备，力争做到有备无患；二是认为应守中有攻，积极歼敌；三是在防御中有一整套作战的战术原则。墨子还身体力行，到楚国以与公输班“实战演示”的方式，说服楚王停止进攻宋国。

【8】 墨子提出“尚同尚贤”的观点，尚同是要求百姓与天子共遵天志，上下一心，实行义政；尚贤要求国君选举贤者为官吏，百姓选举贤者为天子。墨子还提出了“官无常贵，民无终贱”的政治主张。

【9】“节用节葬”是墨家的一个重要观点。墨子认为君主、贵族都应像古代三代圣王一样节用节葬，过清廉简朴的生活。

墨子极其反对音乐，即“非乐”。他认为音乐会影响农民耕作、妇女纺织、君臣处理政务，不符合人民的利益。

【10】 墨子否定儒家提倡的天命，主张“非命”。认为人的寿夭、贫富和天下的安危、治乱都不是由“命”决定的，只有通过人的积极努力才可以达到富、贵、安、治的目标。

【11】 墨子的哲学建树，以认识论和逻辑学最为突出，其贡献在先秦诸子中“鹤立鸡群”。他认为判断事物的有与无，不能凭个人的臆想，而要以大家所看到的和所听到的为依据。

【12】 墨子从其朴素唯物主义经验论出发，提出了检验认识真伪的标准，即以“事”“实”“利”为三表。并要求把三者综合起来，以间接经验、直接经验和社会效果为准绳，进行判断，排除主观成见。墨子认为人的知识源于闻知、说知和亲知三方面，并只有经过消化、融合，才能成为自己的知识。

【13】 墨子是中国古代逻辑思想体系的重要开拓者之一。中国墨辩和印度因明学、古希腊逻辑学并称世界三大逻辑学。他比较自觉地、大量地运用了逻辑推论的方法，建立或论证了自己的政治、伦理思想。

【14】 墨子认为，宇宙是一个连续的整体，个体或局部都是由这个统一的整体分出来的，都是这个统一整体的组成部分。从这一宇宙观出发，墨子进而建立了关于时空的理论，他认为时空既是有穷的，又是无穷的。

【15】 墨子是中国历史上第一个从理性高度对待数学问题的科学家，他给出了一系列数学概念的命题和定义，这些命题和定义都具有高度的抽象性和严密性。如他对十进位值制进行了论述，应该说墨子是对十进位值制进行总结和阐述的第一位

科学家。

【16】 墨子关于物理学的研究涉及力学、光学、声学等分支，给出了不少物理学概念的定义，并有不少独到的发现，总结出了一些重要的定理。

【17】 墨子精通手工技艺，可与当时的能工巧匠公输班相比。而且墨子谙熟了当时的各种兵器、机械和工程建筑的制造技术，并有不少的创造。他论及的或制造的各种器械和设施，对后世的军事活动有着很大的影响。

【18】 墨家是一个有严密组织纪律的团体，他们穿短衣着草鞋，参加劳动，以吃苦为高尚，如果谁违背了这些原则，轻则开除，重则处死。墨家的最高领袖称为巨子，所有的墨者都必须服从指挥，听从命令，履行职责，实现目标。

墨家弟子讲求诚意，信守承诺，身体力行，一旦答应人家要求，就必须坚决办到，而且行动果断，进展神速，甚至赴汤蹈火也在所不辞。

【19】 墨家学说博大精深，“经函千理”，“说蕴万物”，是诸子百家学说中的巨家巨说，是中华文化中重量级的瑰宝。

【20】 墨子是中国文化史上的奇人、天才、全才，集思、政、哲、教、发、科、军七家于一身。墨子在当时，无论在哪一个方面都达到了常人难以企及的高度。

【21】 在今天，诺贝尔奖是世界的最高层次和等级的奖项，是某个领域顶尖专家的光荣称号。如果在古代设置诺贝尔奖，那么作为集七家于一身的墨子，一定是世界上第一个获得者，而且当之无愧。

鲁班

鲁班（前 507—前 444），姬姓，公输氏，名班，人称公输盘、公输般、班输，尊称公输子。又称鲁盘或者鲁般，惯称“鲁班”。鲁国人，今山东滕州人。

鲁班是我国古代的一位出色的建筑师、器械制造师和发明家，两千多年以来，他的名字和有关他的故事，一直在广大人民群众中流传。我国的土木工匠们都尊奉鲁班为祖师，称他为“鲁班爷”。

土木开山公输盘

[1]
华夏匠空星灿烂，土木开山公输盘。

[2]
生于世家耳满载，参与工程眼饱览。

[3]
工具革新盖奇思，器械创造因实践。

[4]
刨子铲子曲尺量，钻子锯子墨斗弹。

[5]
舟战之器钩巨用，攻城之械云梯备。

[6]
石磨问世米粉碾，深井面人滑轮来。

[7]
刻石精制九州图，锁匙稍改替人看。

[8]
公输异闻人互传，祖师轶事口相言。

[9]
贤妻怜夫见凉亭，云氏惜婿造雨伞。

[10]
投水化烟陡荷叶，有眼不识弟泰山。

[11]
鲁班经书传木经，鲁班法式建筑侃。

[12]
班门弄斧咏班门，精益求精颂鲁班。

[13]
木祖发明恩千年，匠宗文化垂万代。

注释

鲁班，是我国古代一位出色的建筑师、器械制造师和发明家。全诗共十三联，记述了鲁班的出身、求知、创造和有关的轶闻，赞颂了他的聪明智慧和为中国的建筑、器械制造和发明作出的杰出贡献。

【1】 中华匠空群星灿烂、巨俊辈出，鲁班是中国春秋战国时代的杰出代表。鲁班的一生在建筑设计、器械制造、技术发明等方面成就瞩目，举世公认。

【2】 鲁班生活在春秋末期、战国初期，出身于世代工匠的家庭，从小就跟随家人参加过许多土木建筑工程劳动，“耳满载”，“眼饱览”，逐渐掌握了生产劳动的各种技能，积累了丰富的实践经验。

【3】 根据古籍记载，木工使用的不少工具器械都是鲁班发明的。这些木工工具的发明，使当时工匠们从原始繁重的劳动中解放出来，劳动效率成倍提高，土木工艺出现了崭新的面貌。而每一件工具的发明都是鲁班在“奇思”的基础上，经过反复“实践”制造出来的。

【4】 鲁班的发明创造众多，在木工工具方面主要有三种：一是锯子的发明，据说他进深山砍树手被一种有齿的野草叶子划破，于是发明了锯子；二是曲尺的发明，为“度天下之方圆”提供了方便；三是墨斗的发明，墨斗是木工用以弹线的工具，沿用至今。

【5】 鲁班在古代兵器方面的发明主要有两种：一是云梯，

云梯是古代攻城用的器械，是战争中的重要工具；二是钩强，也称“钩巨”，是古代水战用的工具，可以钩住或阻碍敌方战船。

【6】 鲁班在农业机具方面的发明主要是石磨。传说鲁班用两块比较坚硬的圆石，各凿成密布的浅槽，合在一起，用人力或畜力使它转动，就能磨米成粉。

据说，第一个在地下掘出水来的是舜帝；第一个在山区打出深水井的人是鲁班，而且鲁班还发明了提水的滑轮，减轻了人们的劳力。

【7】 传说，鲁班曾在石头上刻制出“九州图”，这大概是中国历史上最早的石刻地图。同时，鲁班改进了“锁钥”，形如蠡状，内设机关，凭钥匙才能打开，能代替人的看守。

【8】 在中国能工巧匠的历史上，有关鲁班的异闻人们争相赞颂，有关祖师的轶事人们世代相传。

【9】 鲁班的妻子云氏也是一位出色的工匠，据说伞是她发明的。鲁班妻子因为怜惜丈夫在风雨烈日下工作，见亭子可以避雨遮阴，于是想出一个活动亭子让鲁班带在身边，这就是中国最原始“伞”的发明。

【10】 历史上还有鲁班带徒的两个故事，一是烟徒荷叶，二是制竹泰山。传说由于泰山技艺欠佳，又不遵师训，而被鲁班开除。后来鲁班在集市上发现有精美的竹制家具出售，结果发现工匠就是泰山，于是便说自己“有眼不识泰山”。这就是此句谚语的由来。

【11】 中国古代的建筑技术，正史很少记载，多是历代工匠以口授和钞本形式薪火相传。其中流传至今的有明代的《鲁

班经》和《鲁班营造法式》，具有重要的史料价值。

【12】 现代成语“班门弄斧”也是与鲁班有关的一个故事。它的意思有两层，一是比喻在行家面前卖弄本领，不自量力；二是自谦之词，表示自己不敢在行家面前卖弄自己的小本领。

【13】 鲁班是中国古代手工业技术发明创造的典范，表现了中华儿女积极进取、勇于创新的精神，是中国传统文化的亮点，对中华民族性格有深远持久的影响，也是今天“实现中国梦”的强大动力。

题李太白墓

元 · 梅之焕

采石江边一堆土，
李白之名高千古。
来来往往一首诗，
鲁班门前弄大斧。

《墨子》节选

墨子为木鸢，三年而成，蜚一日而败。

公输子削竹木以为鹊，成而飞之，三日不下。公输子以为至巧。

子墨子谓公输子曰：“子之为鹊也，不若匠之为车辖，须臾刘三寸之木而任五十石之重。”故所谓巧，利于人谓之巧，不利于人谓之拙。

鲁班尺

鲁班尺，全称“鲁班营造尺”，亦作“鲁班尺”，为建造房宅时所用的测量工具，类今工匠所用的曲尺。鲁班尺长约 42.9 厘米，相传为春秋鲁国公输班所作，后经风水界加入八字，以丈量房宅吉凶，并呼之为“门公尺”，又称“角尺”，主要用来校验刨削后的板、枋材以及结构之间是否垂直和边棱成直角的木工工具。1 鲁班尺＝0.8 市尺。鲁班尺产生不久即融合了丁兰尺，后又融入寸、厘米，是度量、矫正的重要工具。由于其特殊的功能，在风水文化、建筑文化中表现最为广泛。

商鞅（约前 395—前 338），战国时期政治家、改革家、思想家，法家代表人物，卫国（今河南省安阳市内黄县梁庄镇）人，卫国国君的后裔，姬姓公孙氏，故又称卫鞅、公孙鞅。后因在河西之战中立功获封商於十五邑，号为商君，故称之为商鞅。

商鞅通过变法使秦国成为富裕强大的国家，史称“商鞅变法”。政治上，商鞅改革了秦国户籍、军功爵位、土地制度、行政区划、税收、度量衡以及民风民俗，并制定了严酷的法律；经济上商鞅主张重农抑商、奖励耕织；军事上商鞅作为统帅率领秦军收复了河西。

法家巨擘公孙鞅

[1]
春秋百家赴真仗，法家巨擘公孙鞅。

[2]
师从尸佼学杂说，受益李吴奠走向。

[3]
远闻秦公求贤令，速携法经论国强。

[4]
三道游说君未纳，四见言融主敬仰。

[5]
变法酝酿官庭争，陈理实证言流畅。

[6]
汤武不古社稷兴，殷夏不易国家亡。

[7]
城门立木莽汉移，一言信守真金赏。

[8]
适时颁布垦草令，重农励耕抑经商。

[9]
八年两次变法行，邦厚基实国势旺。

[10]
三战宾服众诸侯，收土扩地版图广。

[11]
虽因诬告身先死，却有新法驻秦坊。

[12]
历史自会公平衡，商鞅巨雕矗广场。

注释

商鞅，是中国春秋战国时期的政治家、改革家、思想家，法家代表人物。全诗共十二联，记述了商鞅从师求学、赴秦入仕、改革强秦、宾服诸侯的主要经历，歌颂了其勇于改革、敢于创新的精神和为秦国强盛作出的卓越贡献。

【1】 春秋战国诸子百家，其学说和观点真正付诸实施并取得实效的寥寥无几。商鞅是法家的代表人物，其学说和观点在秦国进行了广泛而深入的实践，史称“商鞅变法”。秦国通过“商鞅变法”，逐渐强大起来，最后横扫天下，统一中国。

【2】 商鞅年轻时喜欢刑名法术之学，受李悝、吴起的影响很大。他向尸佼学习杂家学说，后侍奉魏国国相公叔痤任中庶子。商鞅的学识背景，奠定了他今后的政治走向。

【3】 公元前 362 年，秦国秦孝公继位，以恢复秦穆公时期的霸业为己任，在国内颁布了著名的求贤令，命国人、大臣献富国强兵之策。商鞅闻讯，便携带李悝的《法经》投奔秦国，去拜见秦孝公。

【4】 商鞅到了秦国，通过秦孝公的宠臣见到了孝公。商鞅第一次用帝道游说，第二次用王道游说，第三次用霸道游说，均未被秦孝公采纳。最后，商鞅见秦孝公时畅谈富国强兵之策，孝公听得入迷，二人畅谈数日毫无倦意。商鞅的游说取得了成功。

【5】 公元前 359 年，秦孝公打算在秦国进行变法，又害怕国人反对，所以犹豫不决，于是召开朝会进行商量。会上守旧

派认为："法古无过，循礼无邪。"商鞅争锋相对，以理陈述，力排众议，坚强如钢。

【6】 商鞅在商议中指出："前世不同教，何古之法？帝王不相复，何礼之循？""汤、武之王也，不循古而兴；殷夏之灭也，不易礼而亡。"坚决主张变法，反对复古。这次商议为"商鞅变法"作了舆论准备。

【7】 商鞅变法，为了取信于民，便在"城门立木"，一诺千金，鼓励人们"徙木"。结果，有一莽汉将木移动，商鞅就信守诺言，赏以五十金。商鞅城门立木，寓意明确，说明自己变法的坚强决心。

【8】 变法之争结束后，秦孝公于公元前359年命商鞅在秦国国内颁布《垦草令》，全面拉开了变法的序幕。其主要内容是刺激农业、鼓励商业、削落特权、实行统一的税租制度。

【9】 商鞅在秦孝公的支持下，进行了两次变法：第一次变法是颁布《垦草令》；第二次变法的内容更加丰富，包括废井田、制辕田、推县制、统度量衡、塞私门、禁游宦等。通过两次变法，秦国变得邦厚基实，国势兴旺。

【10】 收复河西失地，恢复秦穆公时的霸业，是秦献公、秦孝公两代国君的愿望。公元前354年，秦孝公一举打败魏国，收复了河西失地。商鞅作为其中的主将，充分显示了他的军事和外交才能。之后，又通过安邑固阳之战和西鄙之战，扩大了秦国的版图，迫使周边诸侯屈服。商鞅因战功卓越，获邑十五，号为商君。

【11】 公元前338年，秦孝公去世，其子秦惠王继位。由于守旧派的诬陷，商鞅被捕，处以车裂后示众。秦惠王同时下

令诛灭商鞅全族。商鞅虽然被害，但新法未被废除，仍“驻秦坊”。

【12】 商鞅被车裂后，埋葬于秦驿山下。后来法家的后学者在此为商鞅立碑，上书“商君之墓”。今天的商洛市商鞅广场，矗立着九米高的商鞅雕像，似乎仍在讲述商鞅变法的历史风云。毛泽东称颂商鞅是中国历史上第一个真正彻底的改革家、首屈一指的利国富民的伟大政治家。

附录

《商君书》名句

疑行无成，疑事无功。

法者，所以爱民也。

治世不一道，便国不必法古。

王者之兵，胜而不骄，败而不怨。

固有道之国，治不听君，民不从官。

商鞅诗

宋 · 王安石

自古驱民在信诚，
一言为重百金轻。
今人未可非商鞅，
商鞅能令政必行。

《史记·商君列传》节选

西汉·司马迁

商君，其天资刻薄人也。迹其欲干孝公以帝王术，挟持浮说，非其质矣。且所因由嬖臣，及得用，刑公子虔，欺魏将昂，不师赵良之言，亦足发明商君之少恩矣。余尝读商君开塞耕战书，与其人行事相类。卒受恶名於秦，有以也夫！

孟子

孟子（约前 372—前 289），名轲，字子舆，今山东人。他是孔子之孙孔伋的再传弟子。

孟子是战国时期伟大的思想家、教育家、政治家，儒家学派的代表人物。与孔子并称“孔孟”。政治上，孟子主张法先王、行仁政；学说上，他推崇孔子，反对杨朱、墨翟。他主张仁政，提出“民贵君轻”的民本思想。他和学生一起，“序《诗》《书》，述仲尼（即孔子）之意，作《孟子》七篇”。

儒学巨俊并孔孟

[1]
春秋战国子舆生，儒学巨俊并孔孟。

[2]
幼年三迁随母行，断织喻学感悟深。

[3]
读经览说师孔孙，精研细究业大成。

[4]
列国周游推仁术，诸侯拒用难致政。

[5]
著述七篇十四卷，撰字三万五千存。

[6]
文行磅礴气浩然，言进雄辩势有神。

[7]
民贵国次君为轻，治乱兴亡民为本。

[8]
亲亲仁民施仁政，保民而王社稷稳。

[9]
桀纣无道身以弑，汤武有理名以芬。

[10]
仿古尧舜树规范，效法先王立标准。

[11]
人生性善重内省，仁义礼智四品论。

[12]
易子而教便严控，自子而授易放任。

[13]
一生崇孔育新秀，一贯尊儒出奇声。

[14]
宋元明清位上升，孟子入经封亚圣。

[15]
千年香火祭文庙，万世篇文颂巨人。

注释

孟子，是春秋战国时期伟大的思想家、教育家、政治家，儒家学派的代表人物，全诗共十五联，记述了孟子随母迁行、读经览书、精研细究、著书立说、周游列国、求官问禄的主要经历和基本的政治观点，歌颂了其横溢的才华和为儒家学说乃至中国文化作出的巨大贡献。

【1】 孟子是春秋战国时期继孔子之后最重要的儒家代表人物，被后人称为“亚圣”。其实，孟子的地位在宋代以前并不是很高，直至宋神宗熙宁四年《孟子》一书才升格为儒家经典，其地位才仅次于孔子。

【2】 孟子幼年时就失去了父亲，由母亲独自养育。孟母为了使孟子有一个安静的学习环境，对其教育很重视，管束甚严，曾三迁住地，希望孟子能成才为贤。孟母在孟子厌习逃学之时，曾用“断织”来警喻“辍学”，指出做事要有恒心。孟母的三迁和断织，终使孟子幡然醒悟，从此勤学。

【3】 孟子，是鲁国贵族的后裔，曾拜孔子之孙孔汲的门人曾参为师学习儒家经说。在母亲和尊师的督促和教诲下，孟子经过自己的精研细究，终于学有大成，成了战国时期的名儒。

【4】 孟子学成以后，周游列国，积极推行自己的政治主张。但当时几个大国都致力于富国强兵，争取通过暴力的手段实行统一，因此孟子的仁政学说没有得到实行的机会，最后只

能退居讲学。

【5】《孟子》一书由七篇十四卷传世，主要记录了孟子的语言、政治观点和政治行动，属于儒家经典著作。《孟子》与《论语》《大学》《中庸》合成“四书”。《孟子》是四书中篇幅最大的一本，约三万五千余字。

【6】《孟子》一书行文气势磅礴，感情充沛，雄辩滔滔，极富感染力，流传后世，影响深远。从文学角度看，《孟子》和《庄子》是中国先秦时期一等的文学作品。

【7】孟子根据战国时期的经验，总结各国治乱兴亡的规律，提出了一个富有民族性精华的著名命题：“民为贵，社稷次之，君为轻。”认为如何对待人民这一问题，对于国家的治乱兴亡，具有极端的重要性。

【8】孟子继承和发展了孔子的德治思想，发展为仁政学说，成为其政治思想的核心。他强调，君主必须“亲亲仁民”而“施仁政”，“保民而王”才能“社稷稳”。

【9】孟子还从桀纣覆灭的历史经验中，分析天下得失的根本原因。他认为民心向背是政治成败的决定力量，桀纣之失民实际上是失去了民心，反之，汤、武无敌于天下，就在于顺从了天下民心。

【10】孟子继承孔子的政治观点，强调“效法先王、仿古尧舜”，而且从这一儒家思想的经典观点出发，提出了一系列的标准和规范。与孟子同时期的儒家代表人物荀子的“法后王”观点相比，这是一种落后的历史观。

【11】孟子在人性方面，主张性善论。他以为人生下来就具备仁、义、礼、智四种品德，人可以通过内心去保持和扩充

它，否则将会丧失这些善的品质。因此他极力要求人们重视内省的作用。

【12】 孟子在教育方面的贡献也是巨大的，他对教育方法有所改进，推崇“易子而教”的观点。他认为父子之间由于感情深厚，父亲对儿子的教育往往不严，容易溺爱和放任，所以通过易子让别人来教育，则能既从严要求，又保持父子感情。

【13】 孟子一生崇尚儒学，一贯以孔子的正统继承者自居，不仅授徒讲学，培养出了乐正子、公孙丑、万章等优秀的学生，还与弟子一起著书立说，提出了许多新的理念和观点，丰富了儒家的学说。

【14】 在前文中已经提到，孟子在宋代以前的地位并不是很高，自中唐韩愈著《原道》，把孟子列为先秦儒家中唯一继承孔子道统的人物开始，出现了一个孟子的升格运动，孟子其人其书的名声逐渐扩大，与孔子具有了同等的地位。

【15】 两千多年来，特别是宋代以来，文庙香火旺盛，文人祭文万千，纪念中国历史上的文化巨人孟子，颂扬他的伟大功绩。《孟子》学说的许多内容和政治理念已经成为我国新时期优秀传统文化教育的重要内容。

《孟子》名句

得道多助，失道寡助。——《孟子·公孙丑》

富贵不能淫，贫贱不能移，威武不能屈。——《孟子·滕文孟子》

尽信书，不如无书。——《孟子·尽心下》

孔子登东山而小鲁，登泰山而小天下。——《孟子·尽心上》

老吾老，以及人之老；幼吾幼，以及人之幼。——《孟子》

民为贵，社稷次之，君为轻。——《孟子·尽心上》

穷则独善其身，达则兼济天下。——《孟子·尽心上》

人有不为也，而后可以有为。——《孟子·离娄下》

生于忧患，死于安乐。——《孟子·告子下》

孟母三迁

西汉·刘向

昔孟子少时，父早丧，母仉氏守节。居住之所近于墓，孟子学为丧葬，躄，踊痛哭之事。母曰："此非所以居子也。"乃去，遂迁居市旁，孟子又嬉为贾人炫卖之事，母曰："此又非所以居子也。"舍市，近于屠，学为买卖屠杀之事。母又曰："是亦非所以居子矣。"继而迁于学宫之旁。每月朔（shuò，夏历每月初一日）望，官员入文庙，行礼跪拜，揖［yī，拱手礼］让进退，孟子见了，一一习记。孟母曰："此真可以居子也。"遂居于此。

庄子

庄子（约前 369—前 286），姓庄，名周，字子休（亦说子沐），宋国蒙人，先祖是宋国君主宋戴公。他是东周战国中期著名的思想家、哲学家和文学家，创立了华夏重要的哲学学派庄学，是继老子之后，战国时期道家学派的代表人物，是道家学派的主要代表人物之一。

庄周因崇尚自由而不应楚威王之聘，生平只做过宋国地方的漆园吏，史称“漆园傲吏”，被誉为地方官吏之楷模。庄子最早提出“内圣外王”思想对儒家影响深远，庄子洞悉易理，深刻指出“《易》以道阴阳”；庄子“三籁”思想与《易经》三才之道相合。他的代表作品为《庄子》，其中的名篇有《逍遥游》《齐物论》等。与老子齐名，被称为“老庄”。

唯有庄周不同流

[1]
诸子百家真理求，　唯独庄周不同流。
[2]
漆园傲吏图民利，　南华隐士慕自由。
[3]
千金笑拒寻龟乐，　卿相容辞不祭牛。
[4]
深研千子识渊博，　潜究道家学丰厚。
[5]
五十二篇奇文著，　十万余字真经留。
[6]
文者哲也语益美，　哲者文也理愈透。
[7]
东施效颦譬瞎仿，　邯郸学步喻乱投。
[8]
想象如鸟天宇飞，　睿智似鱼汪洋游。
[9]
仁义二字儒家源，　道德一词道学首。
[10]
顺天从道炼德性，　自然而然生活修。
[11]
逍遥处世人生境，　洒脱行事天地走。
[12]
唐帝宋皇崇巨子，　真人真君封子休。

注释

庄子，是春秋战国时期著名的思想家、哲学家和文学家，与老子一起被称为道家的代表人物。全诗共十二联，记述了庄子慕自由、寻龟乐、研学问、著奇文的主要经历和重要观点，颂扬了其逍遥处世、洒脱行事的生活风格以及为道家学说乃至中国文化做出的不朽贡献。

【1】 先秦诸子百家都是在探求真理，即探求世界万物的根据和原则中建立各自的理想和学说的，但是在儒墨道各家以及后学支脉中，庄子明显地不同于其他诸子，甚至有点不同于老子。

老子学说中有鲜明的政治倾向和政治目的。庄子虽然也有自己的社会观、人生观，但他的思想核心、思辨形式，纯粹是抽象思辨的哲学本体论。

【2】 庄子曾做过宋国的漆园吏，史称“漆园傲吏”，被誉为地方官吏之楷模。庄子厌恶仕途，隐居著书，是先秦道家学派的代表人物。

【3】 以庄子的才学取高位或者财富如囊中探物，但他无意仕进。楚国曾用千金、相位聘请庄子入仕，但他一口拒绝，说宁愿像乌龟一样在泥塘寻乐，也不受一国之君的约束，绝不做被人宰割的祭牛。

【4】 庄子学问渊博，游历过很多国家，对于当时的各家学派都有研究，进行过分析批判。然后，在此基础上通过本体思辨，形成了自己独特的学说观点和新颖的道家思想。

【5】《庄子》约成书于先秦时期，共有五十二篇，今存三十二篇。全书共十万余字，以“寓言”“重言”“卮言”为主要表现形式，继承老子学说而倡导自由主义，蔑视礼法权贵而畅言逍遥自由，真可谓“奇文”“真经”。

【6】 庄子的想象力极其丰富，语言运用自如，灵活多变，能把一些微妙难言的哲理说得引人入胜。他的作品被人称为文学的哲学，哲学的文学。在先秦诸子的各种著作中，如从文学的角度考察，庄子与孟子的作品属于一等。在一等的两人中，庄子更高于孟子。

【7】 庄子的十万余言著作，大部分是寓言。庄子的文字想象奇特、形象生动，善于运用各种比喻，活泼风趣，睿智深刻。文章随意流出，汪洋恣肆，奇趣横生。在古代散文中罕有其比，赢得无数文人学士的仰慕，达到了“想象如鸟天宇飞，睿智似鱼汪洋游”的境地。

【8】 庄子喜托寓言以表其意，“东施效颦”“邯郸学步”等著名寓言就出自他的著作。这些寓言不仅反映了庄子的哲学思想，而且也体现了他卓越的文学才华。

【9】“仁义”二字被视为儒家思想的标志，“道德”一词却是道家思想的精华。庄子的“道”是天道，是效法自然的“道”，而不是人为的残生伤性的道。顺从“天道”，从而与天地相通的，就是庄子所提倡的“德”。

【10】 在庄子看来真正得到生活是自然而然的，因此不需要去教导什么，规定什么，而是要去掉什么，忘掉什么。这样，还用得着政治宣传、礼乐教化、仁义劝导吗？庄子认为这都是人性中的“伪”，所以要摒弃它。

【11】 庄子最引人注目的，是他提出了“逍遥处世”之说、“洒脱行事”之乐。庄子塑造的“人生境”和“天地走”，是最飘逸灵新的一种洒脱。

【12】 对于庄子在中国文学史和思想史上的重要贡献，封建帝王尤为重视，庄子其人被神化，奉为神灵。唐玄宗封庄子为“南华真人”，宋徽宗封庄子为“微妙元通真君”。《庄子》一书被诏称为《南华真经》，其文章浓厚的浪漫色彩，对后世文学有深远影响。

附录

《庄子》名句

天地有大美而不言，四时有明法而不议，万物有成理而不说。圣人者，原天地之美而达万物之理。——《庄子·知北游》

凡人心险于山川，难于知天。——《庄子·杂篇·列御寇》

日出而作，日入而息，逍遥于天地之间，而心意自得。——《庄子·让王》

不乐寿，不哀夭，不荣通，不丑穷，不拘一世之利以为己私分，不以王天下为已处显。显则明。万物一府，死生同状。——《庄子·外篇·天地》

人生天地之间，若白驹过隙，忽然而已。——《庄子·知北游》

凤兮凤兮，何德之衰也。来世不可待，往世不可追也。天下有道，圣人成焉；天下无道，圣人生焉。——《庄子·人间世》

好面誉人者，亦好背而毁之。——《庄子·盗跖》

哀莫大于心死，而人死亦次之。——《庄子·田子方》

吾以天地为棺椁，以日月为连璧，星辰为珠玑，万物为賫送。吾葬具岂不备邪？——《庄子·列御寇》

巧者劳而知者忧，无能者无所求。饱食而遨游，泛若不系之舟，虚而遨游者也。——《庄子·列御寇》

读庄子

唐·白居易

去国辞家谪异方，
中心自怪少忧伤。
为寻庄子知归处，
认得无何是本乡。

读庄子

宋·陈藻

尧无是处桀无非，
此语堪惊与道违。
造物恩私多蒐琐，
始知庄子得真机。

荀子（约前313—前238），名况，字卿，战国末期赵国人。著名思想家、文学家、政治家，时人尊称“荀卿”。西汉时因避汉宣帝刘询讳，因“荀”与“孙”二字古音相通，故又称孙卿。曾三次出任齐国稷下学宫的祭酒，后为楚兰陵（位于今山东兰陵县）令。

荀子对儒家思想有所发展，在人性问题上，提倡性恶论，主张人性有恶，否认天赋的道德观念，强调后天环境和教育对人的影响。其学说常被后人拿来跟孟子的“性善论”比较，荀子对重新整理儒家典籍也有相当显著的贡献。

一代显学美荀卿

[1]
春秋战国多巨俊，一代显学美荀卿。

[2]
生自赵国绛州城，氏系祖地荀为姓。

[3]
博学百家取其长，独崇孔子善创新。

[4]
五十出赵列国游，七十入楚心已宁。

[5]
授学于齐任祭酒，仕官在楚担县令。

[6]
论兵民本于赵都，议政无儒在秦京。

[7]
著述三十二篇文，内含哲逻政道经。

[8]
天道自然有机动，天行有常非人情。

[9]
人性自然先天成，人性发展后天境。

[10]
礼治放利以柔止，法理纵欲以刚禁。

[11]
远法先王是乱世，近法后王可昌兴。

[12]
天官意物方征知，虚壹而静才清明。

[13]
孔仁孟义荀重行，礼法兼用思想倾。

[14]
韩非评儒惟尊荀，李斯为相独三省。

[15]
司马撰史并两英，仲舒褒说性三品。

[16]
荀学源儒比儒实，巨子取蓝比蓝青。

注释

荀子，是春秋战国时期的思想家、文学家、政治家，时人尊称为“荀卿”。全诗共十六联，记述了荀子的出身、习学、周游、从政、著述和主要观点，颂扬了他的博学丰识及为儒家文化作出的伟大贡献。

【1】 在春秋战国诸子百家中，荀子在儒学上的造诣很深，且熟谙六经。在两千余年的中国历史上，荀子及其荀学占据了显著而又醒目的一页，享有崇高的地位。

【2】 荀子出身于战国时期赵国的绛州城，因其祖被封于荀国故地，所以以地为姓，被称为荀子。

【3】 荀子学贯百家，且对各家都有所批评，唯独推崇孔子的思想，认为是最好的治国理念。荀子以孔子的继承人自居，特别着重继承了孔子的“外王学”。他又从知识论的立场上批判地汲取了诸子百家的理论长处，形成了富有特色的“荀学”。

【4】 荀子五十岁时到齐等国家游说讲学，获得人们的欢迎。但不久有人谗言荀子，在齐楚两国几个来回之后，荀子七十岁又回到楚国。这时，他的心已经安宁下来，开始专心著述。

【5】 他在齐国授学之时，年纪最长，资历最深，曾先后三

次以宗师的身份担任稷下学宫的祭酒，名震天下。他在楚国授学之际，在春申君的帮助下曾两次担任兰陵县令。

【6】 荀子密切关注现实世界的变化，充满事功精神。他讲学于齐、仕宦于楚、议兵于赵、议政于燕、论俗于秦，对当时社会的影响不在孔孟之下。荀子入秦，对秦政、秦俗多予褒奖，同时批评其“无儒”。这说明荀子在坚持儒学基本信念的前提下，还在努力拓展儒家的政治空间。

【7】《荀子》有三十二篇，大部分是荀子自己的著作，涉及哲学、逻辑、政治、道德等多方面的内容，而且在自然观、人性论、政治学等方面都有独到的建树。

【8】 荀子将“天”“天命”“天道”自然化、客观化与规律化，体现了他“天道自然”的思想。荀子以为，天不是神秘莫测，变幻不定，而有自己不变的规律。这一规律人是不可违背的，只能严格地遵守它，反映了他“天行有常”的思想。

【9】 荀子认为就人的先天本性而言，“尧舜之与桀跖，其性一也”，都是天生性恶。后天的环境和经验对人性的改造则起决定性的作用。通过人的主观努力，可以转化人的恶性，可以成尧成舜成禹。

【10】 在国家治理上，荀子非常看重“礼”。在治理的过程中，不能只顾及人的欲望，而要让物与欲两者相持而长，在物质的增长和欲望的增长之间保持平衡。在荀子看来，人的自然本性是追求利欲的，而礼的作用则是对人的利欲的无限追求作出限制，如果人的追求利益达到放纵的程度，就要把礼转为法，采用刚性的手段进行禁止。

【11】 荀子在历史观上提出了厚今薄古的“法后王”之说，

他认为“先王”的时代久远，不如近世的后王可靠。一句话，法先王足可乱世，法后王可以昌兴。荀子法后王的观点与孔孟法先王的学说是对立的。

【12】 荀子认为要认识事物，只有做到“天官意物”，才能做到“心有征知”，形成正确的概念和判断。同时他认为，要形成正确的认识，就需要“解蔽”，而“解蔽”的方法就是靠“心”的“虚壹而静”，才能使自己的认识清晰明朗。

【13】 孔子的中心思想是“仁”，孟子的中心思想是“义”，荀子继二人提出“礼”“法”，强调礼法兼用，重视社会上人们行为的规范。与孔孟相比，荀子的思想则具有更多的现实主义倾向。

【14】 韩非子在自己的论述中，在不少地方批评儒家，唯独对荀子尊奉之至。李斯在秦始皇身边时，常常引用荀子的话来增强说服力，还提出为相的独三省，以此督促、提醒自己。

【15】 自孔子死后，孟子、荀卿都能继承夫子事业，对儒家学说进行发扬光大。司马迁把荀、孟并列为“两英”。西汉大儒董仲舒的“大一统”思想源于荀子的“大一统”思想，他的“性三品说”就是在读了荀、孟的书以后提出的。

【16】 在中国文化史上，荀学源于儒学，但是比儒学更符合实际；荀子学以孔子，但是比孔子更具有深度，正如其在《劝学》中论述一样：“青，取之于蓝，而青于蓝。”

附录

《劝学》节选

战国·荀况

君子曰：学不可以已。青、取之于蓝，而青于蓝；冰、水为之，而寒于水。木直中绳，輮以为轮，其曲中规，虽有槁暴，不复挺者，輮使之然也。故木受绳则直，金就砺则利，君子博学而日参省乎己，则知明而行无过矣。故不登高山，不知天之高也；不临深溪，不知地之厚也；不闻先王之遗言，不知学问之大也。干、越、夷、貉之子，生而同声，长而异俗，教使之然也。诗曰："嗟尔君子，无恒安息。靖共尔位，好是正直。神之听之，介尔景福。"神莫大于化道，福莫长于无祸。

吾尝终日而思矣，不如须臾之所学也。吾尝跂而望矣，不如登高之博见也。登高而招，臂非加长也，而见者远；顺风而呼，声非加疾也，而闻者彰。假舆马者，非利足也，而致千里；假舟楫者，非能水也，而绝江河。君子生非异也，善假于物也。

积土成山，风雨兴焉；积水成渊，蛟龙生焉；积善成德，而神明自得，圣心备焉。故不积跬步，无以致千里；不积小流，无以成江海。骐骥一跃，不能十步；驽马十驾，功在不舍。锲而舍之，朽木不折；锲而不舍，金石可镂。螾无爪牙之利，筋骨之强，上食埃土，下饮黄泉，用心一也。蟹八跪而二螯，非蛇蟺之穴，无可寄托者，用心躁也。是故无冥冥之志者，无昭昭之明；无惛惛之事者，无赫赫之功。行衢道者不至，事两君者不容。目不能两视而明，耳不能两听而聪。螣蛇无足而飞，梧鼠五技而穷。诗曰："尸鸠在桑，其子七兮。淑人君子，其仪一兮。其仪一兮，心如结兮。"故君子结于一也。

韩非子

韩非（约前 280—前 233），战国韩国人，出生于郑城（今郑州新郑郑韩故城遗址），是韩王之子，荀子的学生，李斯的同学。战国末期杰出的思想家、哲学家和散文家。被誉为最得老子思想精髓的人之一。

韩非子将商鞅的“法”、申不害的“术”和慎到的“势”集于一身，是法家思想的集大成者；又将老子的辩证法、朴素唯物主义与法融为一体。著有《韩非子》一书，共五十五篇，十万余字。在先秦诸子散文中独树一帜，呈现韩非极为重视唯物主义与效益主义思想，积极倡导君主专制主义理论，目的是为专制君主提供富国强兵的思想。

法家学说集大成

[1]
战国末期韩非生，法家学说集大成。
[2]
身系贵族韩王子，曾与李斯共荀门。
[3]
上疏韩廷主不纳，退居陋室写经论。
[4]
书传咸阳惊秦王，文采斐然服嬴政。
[5]
政见相左罪同学，监狱遇陷终自刎。
[6]
韩非子篇五十五，经文妙言十万存。
[7]
诠释立异黄为源，解喻两老道是本。
[8]
兼合三长法术势，博采三家商申慎。
[9]
施刑下庶在爱民，减徭轻赋弱权臣。
[10]
去除五蠹促耕战，防备八奸益帝朕。
[11]
国不法古重今朝，法不何贵护法尊。
[12]
人口理论韩首音，矛盾学说非先声。
[13]
万物须察莫揣测，前识必弃验伪真。
[14]
以法为教风清正，用法施治国兴盛。

[15]
秦皇得以统天下，汉武继之驭乾坤。
[16]
巨子深邃越古圣，历史长河树高峰。

注释

韩非子，是春秋战国末期的思想家、哲学家、散文家，是法家学说的集大成者。全诗共十六联，记述了韩非子的出身、著述和主要的思想观点，颂扬了他超人的学识、智慧和为法家学说乃至中国文化作出的卓越贡献。

【1】 韩非子将商鞅的“法”、申不害的“术”和慎到的“势”集于一身，是法家思想的集大成者；韩非子将老子的辩证法、朴素唯物主义与法融为一体，集儒、道、法三大思想流派的精华于一身，因此也是先秦百家思想的集大成者。

【2】 韩非子出生于战国末期韩国的都城郑城，是韩国的贵族。韩非子与秦相李斯都是荀子的学生，其才华横溢，智慧过人，文章出众，连李斯也自叹不如。

【3】 韩非子深爱自己的祖国韩国，看到韩国太弱，多次上书献策，但都未被采纳。于是，韩非子发愤著书，先后写出了《孤愤》《五蠹》《说难》《内外诸》《说林》等历史名作。

【4】 韩非子的学问比李斯大得多，特别善于著述。他的文章构思精巧，描写大胆，语言幽默，平中见奇，耐人寻味，风格独特。他的书传到秦国，秦王读了，非常赞赏韩非子的才华。

【5】 不久，因秦国攻韩，韩王不得不启用韩非，并派他出

使秦国。由于，韩非子善于著述，文采斐然，秦王非常喜欢他，但还没有决定是否留用。李斯因与韩非子政见相左（韩非子主张存韩灭赵），妨碍秦国统一大计，就在秦王面前说韩非子的坏话。秦王轻信李斯的话，把韩非子抓起来，投入监狱。后来，秦王后悔，但为时已晚，韩非子已在狱中服毒自杀。

【6】《韩非子》这部书，现存五十五篇，约十余万言，绝大部分是韩非子的作品。《韩非子》一书，达到了先秦法家理论的最高峰，为秦统一六国提供了理论武器，同时，也为以后封建专制制度的建立提供了理论依据。

【7】《韩非子》中，韩非子将自己的学说追根溯源于道家黄老之术，他对老子的《道德经》有相当精深的研究。《韩非子》中，著有《解老》《喻老》等篇，集中表现了韩非的哲学观点。

【8】 韩非子虽然是荀子的弟子，思想主张却与荀子大相径庭，他没有承袭荀子儒家思想，却爱好“刑名法术”之学，且归本于“黄老之学”，形成一套由“道”“法”共同完善的政治理论。韩非子总结法家三位代表人物商鞅、申不害、慎到的思想，主张君王应用“法”“术”“势”三者结合起来治理国家。

【9】 韩非子吸收了其老师荀子的“性本恶”的理论，认为民众是“恶劳而好逸”，要以法来约束民众，施刑于民。他认为施刑恰恰是爱民的表现。同时，韩非子主张应该减轻人民的徭役和赋税，认为严重的徭役和赋税只会让权臣强大起来，不利于君王统治。

【10】 对于臣下，他认为君王要去“五蠹”，防“八奸”。所谓五蠹，就是指学者、言谈者、带剑者、患御者、商工之民

等。他认为这些人会扰乱法制，是无益于耕战的“邦之虫”，必须铲除。所谓八奸，就是指同床、在旁、父兄、养殃、民萌、流行、威强、四方等。他认为这些人都会威胁国家安危，要像防贼一样防备他们。

【11】 韩非子继承了商鞅“治世不一道，便国不法古”的思想，认为历史是向前发展的，当代必然胜过古代，人们应该按现实需要进行改革，不必遵循古代的传统。尤可称道的是，韩非子第一次明确提出了“法不阿贵”的思想，主张“刑过不避大臣，赏善不遗匹夫”。这是对中国法制思想的重大贡献，对于清除贵族特权、维护法律尊严，产生了积极的影响。

【12】 韩非子把社会现象同经济条件联系起来，注意到人口增长与财富多少的关系。这是中国历史上第一个提出“人民众而货财寡”会带来社会问题的思想家。韩非子的思想中有不少辩证法的因素，他在中国哲学史上第一次提出了“矛盾论”的概念。他所讲的矛与盾的故事，对人们分析问题、表达思想至今仍有着深刻的启发作用。

【13】 韩非子的认识论继承了先秦哲学中的唯物主义的思想传统。他反对“前识”的观点（所谓“前识”，就是先验论），主张通过观察事物得到认识而非妄加揣测，用行动来检验真伪，强调不经过实践去说、去做，是无知的表现，是自欺欺人的行为。

【14】 韩非子主张以法为教，意思就是除了制订法律以外，还必须宣传法律，普及法律，遵守法律，运用法律，使整个社会形成“知法、懂法、守法”的良好风气。他认为只有这样，才能使社会风清气正，才能使国家兴旺强盛。

【15】 韩非子法家思想最伟大的实践者是秦始皇，秦国的教育制度，便是法家思想。秦始皇正是运用了韩非子的理论，加强了思想法制，巩固了中央集权，最后统一了中国。在西汉时期，汉武帝刘彻继承了韩非子的思想，加强统治，驾驭乾坤，使国家盛极一时。

【16】 韩非子的思想深邃而又超前，是中国文化史上的一座“高峰”，对后世影响深远。《韩非子》中的许多思想、观点，在今天仍具有很大的借鉴意义。

附录

《韩非子》名句

欲速则不达。——《韩非子·外储说左上》

长袖善舞，多钱善贾。——《韩非子·五蠹》

巧诈不如拙诚，惟诚可得人心。——《韩非子·说林上》

塞翁失马，焉知非福。——《韩非子·说难》

华而不实，虚而无用。——《韩非子·难言》

千里之堤，溃于蚁穴。——《韩非子》

不吹毛而求小疵。——《韩非子·大体》

千里之堤，毁于蚁穴。——《韩非子·喻老》

以子之矛，攻子之盾。——《韩非子·难一》

屈原

屈原（前340—前278），战国时期楚国人，芈姓，屈氏，名平，字原；又在《离骚》中自云：“名余曰正则兮，字余曰灵均。”出生于楚国丹阳（今湖北省宜昌市境内），是楚武王熊通之子屈瑕的后代，是中国最早的浪漫主义诗人，中国文学史上第一位留下姓名的伟大的爱国诗人。他的出现，标志着中国诗歌进入了一个由集体歌唱到个人独唱的新时代。

他创立了楚辞，也开创了“香草美人”的传统。任三闾大夫、左徒兼管内政外交大事。主张对内举贤能，修明法度，对外力主联齐抗秦。因遭贵族排挤，被流放沅湘流域，后因秦攻破楚都，愤投汨罗江而死。

浪漫先祖屈灵均

[1]
中华诗坛生巨俊，浪漫先祖屈灵均。
[2]
生系楚国丹阳县，曾自石洞读真经。
[3]
奉诏出山赴京城，入仕辅主御强秦。
[4]
变法推进罪权臣，流放两次因谗进。
[5]
闻秦破楚留绝笔，怀沙倾诉沉江心。
[6]
庙堂治政书忠贞，江湖恤民写真情。
[7]
二十五首诗作传，楚辞开创面月新。
[8]
离骚宏篇个性铸，九歌神曲生活凝。
[9]
笔底奔涌地士民，毫端飘逸天神灵。
[10]
香草美人比高洁，恶木秽草喻奸佞。
[11]
句法参差呈变幻，节奏起伏有致韵。
[12]
眷国恋民深深意，举贤荐能宽宽襟。
[13]
路漫漫兮求索志，山峭峭兮登攀行。
[14]
爱国诗歌先行者，华夏文学奠基英。

注释

屈原，是春秋战国末期的政治家、文学家、诗人。全诗共十四联，记述了屈原读真经、赴京城、御强秦、罪权臣、被流放、写真情、留绝笔、投江心的主要经历，歌颂了其忠贞不渝的崇高品质和顽强不屈的斗争精神。

【1】 屈原是中国最早的浪漫主义诗人，是中国文学史上第一位留下姓名的伟大的爱国诗人。他的出现，标志着中国诗歌进入了一个由集体歌唱到个人独唱的新时代。

【2】 屈原生于楚国丹阳（今湖北省宜昌市境内），自幼诗书成癖，读书多而杂，曾在“巴山野老”居住的石洞里“读真经”。屈原虽出身贵族，但同情穷苦百姓，从小就做了许多体恤民众的好事，博得众口一致的赞誉。

【3】 屈原年轻时，曾组织家乡人民进行过抗秦斗争，一展其非凡才华。公元前320年，屈原应怀王之召出山进京，由地方县丞升任左徒。屈原出山后，积极辅助楚怀王，忙于内政外交，做好抵御强秦的工作准备。

【4】 屈原适应当时的需要，制订并出台各种法令，推进变法改革，同时与旧贵族和一切顽固势力进行坚决斗争。楚国通过变法改革，民心沸腾，形势大变，旧贵族面临覆灭的命运。

【5】 公元前314年，屈原因上官大夫之谗而见疏，被罢黜左徒之官，任三闾大夫之职。公元前313年，屈原第一次被流放汉北地区。次年，楚怀王重新起用屈原，让他出使齐国，联

齐抗秦。楚怀王死后，屈原又被免去三闾大夫之职，放逐江南荒僻地区。

公元前278年，秦国再次攻楚，占领郢都，楚顷襄王被迫迁都。消息传来，屈原感到重返郢都的希望彻底破灭，于是作诗篇《怀沙》，留下绝笔，再次抒发忠贞爱国的情怀和“受命不迁”的崇高志节，倾诉了郁积于心头的苦闷，然后投汨罗江而死，终年62岁。

【6】屈原任左徒、三闾大夫时，兼管内政外交大事，积极变法，书写了自己的“忠贞”；在江湖、荒地被流放时，体恤民情，关心民苦，时刻想着为人民做点好事，书写了自己的“真情”。

【7】屈原一生，特别在第二次流放期间，写出了脍炙人口的文学作品，共有25篇。其中，《离骚》1篇，《天问》1篇，《九歌》11篇，《九章》9篇，《远游》《卜居》《渔父》各1篇。屈原开创了“楚辞”，充分显示了南楚文学的魅力，在中国文学史上留下了厚重的一笔。

【8】屈原的代表作《离骚》，是屈原以自己的理想、遭遇、痛苦、热情以至整个生命所熔铸而成的宏伟诗篇，闪耀着鲜明的个性光辉，是屈原全部创作的重点。《九歌》是楚国祭神的乐曲，经屈原加工润色而成，在人物感情的抒发和环境气氛的描述上，充满浓厚的生活气息。《离骚》和《九歌》，构成了屈原作品的基本风格。

【9】屈原的作品，思想活泼，不拘礼法，抒写男女情思、志士爱国自然真切，什么都可以奔入笔底，飘逸毫端，充分体现了屈原的艺术构思和创新精神。

【10】 屈原《离骚》一篇，有373句，2 490字。在表现手法上，把赋、比、兴巧妙地糅合成一体，把“香草美人”比作“高洁”，把“恶木秽草”喻为奸人。

【11】 屈原的创作，在语言形式上突破了《诗经》以四字句为主的格局，每句五、六、七、八、九字不等，也有三字、十字句的，句法参差错落，灵活多变；句中句尾多用“兮”字，以及“之、于、乎、夫、而”等虚字，用来协调音节，造成起伏回宕、一唱三叹的韵致。

【12】 屈原出山后，变法图强，虽然遭到楚怀王的怀疑、疏远以至流放，但他仍然深深地爱着自己的人民，眷恋着自己的祖国。他在担任重要职务期间，积极培养人才，举荐贤能，表现了他宽阔的胸襟。

【13】 屈原的一生，既有辉煌，也有挫折。但他无论是顺境还是逆境，都始终坚持自己的意向，百折不挠，勇往直前，敢于同黑暗势力作毫不妥协的斗争，真正达到了“路漫漫其修远兮，吾将上下而求索”的境界。

【14】 屈原为实现振兴楚国的大业，对内积极辅佐楚怀王变法图强，对外坚决主张联齐抗秦，表现了他卓越的治政能力和炽热的爱国情怀。同时，屈原结合自身生活和悲惨遭遇写下的光辉诗篇，充分表现了他超人的文学天赋和忠贞的爱国形象。屈原不愧为中华“爱国诗歌先行者”“华夏文学奠基英”。

《屈原》名句

路漫漫其修远兮，吾将上下而求索。——屈原《离骚》

长太息以掩涕兮，哀民生之多艰。——屈原《离骚》

亦余心之所善兮，虽九死其犹未悔。——屈原《离骚》

举世皆浊我独清，众人皆醉我独醒。——屈原《渔父》

《九歌　国殇》

先秦·屈原

操吴戈兮被犀甲，车错毂兮短兵接。
旌蔽日兮敌若云，矢交坠兮士争先。
凌余阵兮躐余行，左骖殪兮右刃伤。
霾两轮兮絷四马，援玉枹兮击鸣鼓。
天时怼兮威灵怒，严杀尽兮弃原野。
出不入兮往不反，平原忽兮路超远。
带长剑兮挟秦弓，首身离兮心不惩。
诚既勇兮又以武，终刚强兮不可凌。
身既死兮神以灵，魂魄毅兮为鬼雄。

李冰

李冰（约前 302—前 235），号称陆海，战国时代著名的水利工程专家。公元前 256—前 251 年被秦昭王任为蜀郡（今成都一带）太守。

李冰治水，创建奇功，其建堰的指导思想，就是道家的“道法自然”“天人合一”的思想精髓。他征发民工在岷江流域兴办许多水利工程，其中以他和其子一同主持修建的都江堰水利工程最为著名。几千年来，该工程为成都平原成为天府之国奠定了坚实的基础。后世为纪念李冰父子，在都江堰修有二王庙。都江堰也成为著名的风景名胜。

李冰大禹共水圣

[1]
秦易蜀守冰赴任，水利奇才应运生。

[2]
目睹岷江决堤岸，实察水情方略深。

[3]
道法自然向老庄，天人合一法则尊。

[4]
燃岩凿石辟玉垒，宝瓶口开水流奔。

[5]
竹笼装卵沉江底，筑堤截流内外分。

[6]
内江一道飞沙堰，防旱止涝双保证。

[7]
选料竹石省民财，取材土木降工本。

[8]
坚壁明训六字经，石牛埋江标度衡。

[9]
都江堰成沃千里，工程业就天府称。

[10]
川主祠堂香火旺，二郎庙台祭灵神。

[11]
离堆公园游人挤，洛水风景多名胜。

[12]
杜甫赋诗恩千载，沫若题词泽万人。

[13]
纵梳华水文明史，李冰大禹共水圣。

注释

李冰，春秋战国时期著名的水利工程专家，都江堰工程是他治水的历史杰作。全诗共十三联，记述了李冰赴任蜀守，实察水情、道法老庄、尊重规律、治理岷江、修筑都江堰的主要经历，歌颂了他卓越的治水能力和为中国水文化建设作出的伟大贡献。

【1】 古代蜀地非涝即旱，有“泽国”“赤盆”之称。公元前316年，秦国吞并蜀国，秦为了将蜀地建成其后方基地，决定彻底治理岷江水患。同时更换蜀守，派精通治水的李冰赴任。

【2】 李冰赴任蜀守后，亲眼看到当地灾情严重，发现发源于成都平原北部岷山的岷江，经常冲决堤岸，泛滥成灾，给人民带来苦难。于是，李冰和他的儿子二郎沿岷江岸进行实地考察，了解水情、地势等情况，制定了治理岷江的规划方案。

【3】 李冰治水，功勋卓著，最终治服岷江，为蜀地人民带去幸福与安康。李冰的主要功勋是建成了都江堰，其建堰的指导思想，就是道家的“道法自然”“天人合一”的思想。

【4】 在李冰的领导下，一场凿山治水的水利工程开始了。玉垒山岩石非常坚硬，一名石匠想出办法，先在岩石凿下一些槽线，然后在槽线和一些天然的石缝里填满干草，再点火燃烧，使岩石开裂。经过艰苦的劳动，玉垒山终于被劈开，凿开的山口有20多米宽。人们把开凿的山口称为“宝瓶口”。“宝瓶口”一开，水就奔流起来。

【5】 “宝瓶口”引水工程完成后，虽然起到了分洪和灌溉

的作用，但效果并不显著。因为东岸地势较高，洪水来时，“宝瓶口”进水量有限。于是李冰采用“竹笼装卵沉江底”的方法，在距离玉垒山较远的江心再筑起一道分水堰，迫使岷江水分流两股，其中一股流入“宝瓶口”。李冰给这个大堰起名为“都安堰”，后来成为“都江堰”。

【6】 李冰为了加强都江堰的分洪、减灾作用，又在大堰和离堆之间修建了一道“飞沙堰”，作为溢洪道。“飞沙堰”长约200米，全部用竹笼卵石堆成，坐落在“宝瓶口”对面。这样保证了内江灌溉不受水灾影响。都江堰修成后，从根本上改变了蜀地的面貌，把原来水旱灾情严重的地区，变成了“沃野千里”的“天府之国”。

【7】 都江堰工程不仅在工程设计上很高明，采用的施工材料也很经济合理。整个工程大部分是就地取材，使用竹子、卵石、木料和泥土等修建的。这样大大降低了工程的成本，节省了民财、民力。

【8】 李冰还作石牛，埋在内江中，作为每年修理时掏挖泥沙的深度标准。年修的原则是“深淘滩，低作堰”，即“六字经”。后人把这“六字经”刻在内江东岸为纪念李冰父子而建的二王庙的石壁上，非常醒目。

【9】 都江堰的修成，不仅解决了岷江泛滥成灾的问题，而且从内江下来的水还可以灌溉十几个县，灌溉面积达三百多万亩。从此，成都平原成为“沃野千里”的富庶之地，后来获得“天府之国”的美称。

【10】 李冰为蜀地的发展做出不可磨灭的贡献，两千多年来，四川人民把李冰尊为“川主”。为了纪念李冰父子，人们在

洛水旁边修建了大王庙、二王庙。在民间传说中，神话人物二郎神的原型就是李冰之子。

【11】 当地人民为了纪念李冰父子的治水功绩，在洛水旁修建的大王庙、二王庙中，还给他们塑了像。古时两庙香火甚盛。两庙附近风景优美，现已辟为离堆公园，成了游人瞻仰浏览的胜地。

【12】 李冰治水业绩，备受后人赞颂。唐代杜甫诗云："君不见秦时蜀太守，刻石立作五犀牛，自古虽有厌胜法，天生江水向东流，蜀人矜夸一千载，泛滥不近张仪楼。"现代郭沫若题词："李冰掘离堆，凿盐井，不仅嘉惠蜀人，实为中国二千数百年前卓越之工程技术专家。"极力歌颂了李冰为人民做出的伟大贡献。

【13】 梳理中华水文明的历史，都江堰设计之巧妙，规划之完美，布局之合理，取材之简便，在世界水利史上堪称奇迹，是中华民族的骄傲。李冰和大禹都是中华历史上的"水圣"，人们永远铭记他们治水的成就和善于同困难作斗争的精神。

附录

石犀行

唐 · 杜甫

君不见秦时蜀太守，刻石立作三犀牛。
自古虽有厌胜法，天生江水向东流。
蜀人矜夸一千载，泛溢不近张仪楼。

今年灌口损户口，此事或恐为神羞。

终藉堤防出众力，高拥木石当清秋。

先王作法皆正道，鬼怪何得参人谋。

嗟尔三犀不经济，缺讹只与长川逝。

但见元气常调和，自免洪涛恣凋瘵。

安得壮士提天纲，再平水土犀奔茫。

石　犀

唐·岑参

江水初荡潏，蜀人几为鱼。

向无尔石犀，安得有邑居。

始知李太守，伯禹亦不如。

第三篇

秦汉

◎秦始皇——千古一帝秦嬴政

◎李斯——千古封建第一相

◎项羽——盖世绝力楚霸王

◎汉高祖——盖因怜民任贤人

◎汉武帝——汉承秦制刘彻峰

◎苏武——麒麟阁画寻苏公

◎司马迁——华夏史圣司马公

◎汉光武帝——光武神明为帝榜

◎张衡——罕见全才数张衡

秦始皇

秦始皇（前 259—前 210），嬴姓，赵氏，名政。秦庄襄王之子。出生于赵国都城邯郸，十三岁继承王位，三十九岁称皇帝，在位三十七年。中国历史上著名的政治家、战略家、改革家，首位完成华夏大一统的铁腕政治人物。

秦始皇在中央创建皇帝制度，实行三公九卿，管理国家大事。地方上废除分封制，代以郡县制，同时书同文，车同轨，统一度量衡。对外北击匈奴，南征百越，修筑万里长城，修筑灵渠，沟通水系。还把中国推向大一统时代，为建立专制主义中央集权制度开创新局面。对中国和世界历史产生深远影响，奠定中国两千余年政治制度基本格局。他被明代思想家李贽誉为“千古一帝”。

千古一帝秦嬴政

[1]
开天辟地盘古神，千古一帝秦嬴政。

[2]
横吞六合平海内，开拓疆土定乾坤。

[3]
帝皇建制顺天时，三公九卿应势生。

[4]
临治天下立郡县，驾驭四海废分封。

[5]
开凿灵渠四面通，修铺驰道八方伸。

[6]
铸币一律国家控，下诏一统度量衡。

[7]
李斯小篆程邈隶，继古出新书同文。

[8]
泰山石刻会稽铭，礼仪治邦行同伦。

[9]
下布三军兵马俑，上筑民族万里城。

[10]
前人业痕今犹在，后辈评史莫失真。

[11]
宇内五千巨雄多，华夏长河豪杰纷。

[12]
世界曾排帝王榜，秦皇位居第一人。

注释

秦始皇，中国历史上著名的政治家、战略家、军事家，首位完成华夏大一统的铁腕政治人物。全诗共十二联，记述了秦始皇吞六合、拓疆土、建帝制、立郡县、凿灵渠、铺驰道、控铸币、统度量衡、书同文、筑长城的杰出功绩，歌颂了他为中华民族大一统做出的伟大贡献。

【1】 盘古是中国文化传说中的神话人物，他开天辟地，创造了人类社会。秦始皇建立了首个多民族的中央集权国家，采用三皇之“皇”，五帝之“帝”，构成“皇帝”的称号，是古今中外第一个称皇帝的封建王朝君主。

【2】 秦始皇掌权后，任用尉缭和李斯等人，从公元前230年起，至公元前221年，首尾10年，陆续兼并了韩、赵、魏、楚、燕、齐六国，平定海内，统一天下。之后，又南征北越、北击匈奴、开发北疆、开拓西南。秦始皇通过“开疆拓土”，初步形成了中国的版图。

【3】 秦始皇平定海内、统一天下后，继续执行商鞅的法家政策，加强君主专制，削弱旧贵族势力，提拔由军功而上升起来的贵族。同时适应时代发展，建立“三公九卿”制度，形成中央政府。中央政府最高的官僚是丞相、御史大夫和太尉，简称“三公”。“三公”以下，分设掌握具体政务的九卿，包括郎中令、卫尉、中尉、廷尉、内史、少府、典客、奉常、宗正等。

【4】 秦始皇“临治天下”“驾驭四海”后，废除分封，建

立了一套自中央到地方的郡县制和官僚制。初分全国为36郡，以后随着土地的扩大增至46郡，定咸阳为首都。

【5】 从公元前222年开始，秦始皇开始大幅修筑以国都咸阳为中心、向四面八方延伸出去的驰道，类似现代的高速公路，并实行“车同轨”。同时，为方便运送征讨岭南所需的军队和物资，开凿了灵渠。灵渠是世界上最古老的运河之一，二千多年来一直是岭南与中原地区的水路交通要道。

【6】 秦始皇采取了统一货币的措施：一是由国家统一铸币，将货币的制造权掌握在国家手中；二是统一通行两种货币，即上币黄金和下币铜钱。同时，秦始皇以原秦国的度、量、衡为单位标准，淘汰与此不合的制度，统一了度量衡。

【7】 秦始皇统一中原后，下令李斯等人进行文字改革。李斯以战国时候秦人通用的大篆为基础，创造出一套形体匀圆齐整、笔画简略的新文字——“小篆”。同时，李斯命程邈“定书”，制造出一种新字体——“隶书”。秦朝文字的统一和简化，对中国文化的发展起了极其重要的作用。

【8】 秦始皇建立起统一的伦理道德和行为规范——“行同伦”，以端正风俗。秦始皇派人在泰山和会稽分别刻石留文，要求男女之间界限分明，以礼相待，女治内，男治外，各尽其责，为后代树立好的榜样。秦朝礼仪治邦的措施，矫正了一些地区的陋习。

【9】 秦始皇吞并六国后，开始北筑长城。修建长城，是为了保护北部边境人民的生命财产安全，其目的也是为了减少人民的负担。万里长城不是他的首创，他只是把秦国、赵国和燕国北边原有的长城连接起来。同时，秦始皇还“下布三军兵马

俑”。这在当时是一项“奢侈工程”，可在今天却成为“世界的奇迹”，值得中华民族骄傲。

【10】 秦始皇“吞六合、拓疆土、建帝制、立郡县、凿灵渠、铺驰道、控铸币、统度量衡、书同文、筑长城”，建立了一个统一而多民族的大国，功勋卓著，前无古人。我们后代人在评价历史人物的时候，要实事求是，不能随意妄为。

【11】 中国五千多年的文化，孕育了一批又一批的英雄；世界其他各国的五千多年历史，培育了一批又一批的豪杰。正是这些英雄、豪杰，创造了各种各样的人间奇迹，推动了人类社会的向前发展。

【12】 秦始皇平定海内、统一天下，形成了一个统一多民族的国家，奠定了中央集权的基本格局，这不论是在中国史还是世界史上都具有极为巨大而深刻的意义。因此，在任何一个世界杰出帝王排行榜上，秦始皇几乎都被排在最高或者接近最高的位置。

附录

秦王扫六合

唐 · 李白

秦王扫六合，虎视何雄哉！挥剑决浮云，诸侯尽西来。
明断自天启，大略驾群才。收兵铸金人，函谷正东开。
铭功会稽岭，骋望琅琊台。刑徒七十万，起土骊山隈。
尚采不死药，茫然使心哀。连弩射海鱼，长鲸正崔嵬。

额鼻象五岳，扬波喷云雷。鬐鬣蔽青天，何由睹蓬莱？

徐市载秦女，楼船几时回？但见三泉下，金棺葬寒灰。

《秦始皇》

宋·王安石

天方猎中原，狐兔在所憎。

伤哉六孱王，当此鸷鸟膺。

搏取已扫地，翰飞尚凭凌。

游将跨蓬莱，以海为丘陵。

勒石颂功德，群臣助骄矜。

举世不读易，但以刑名称。

蚩蚩彼少子，何用辨坚冰。

李斯（约前 284—前 208），李氏，名斯，字通古。战国末期楚国上蔡（今河南上蔡）人。秦代著名的政治家、文学家和书法家。

李斯早年为郡小吏，后从荀子学帝王之术，学成入秦。在秦王政灭六国的事业中起了较大作用。秦统一天下后，与王绾、冯劫议定尊秦王政为皇帝，并制定有关的礼仪制度，被任为丞相。李斯政治主张的实施对中国和世界产生了深远的影响，奠定了中国两千多年政治制度的基本格局。

千古封建第一相

[1]
李斯入秦辅始皇，千古封建第一相。
[2]
智涌才溢冠群臣，天崩地坼见新象。
[3]
力陈统一时机临，速求顺应定主张。
[4]
亲力设计挖心战，远交近攻扫六强。
[5]
巧谏逐客资诸侯，招良纳士国势扬。
[6]
叙述言辞情意切，任人唯贤觅相将。
[7]
具论分封弊端多，郡县制行增中央。
[8]
自此垂用两千年，古今上下已为常。
[9]
深议统一度量衡，坚以制度法保障。
[10]
挥毫范作小篆字，躬行编本临摹样。
[11]
用笔之法先行者，书家之祖后人仰。
[12]
呈奏铸币归国家，严定金铜不可爽。
[13]
主造圆形方孔钱，至清沿用秦半两。
[14]
上表天下车同轨，修筑驰道通四方。

[15]
政通令顺四海连，人往物流接咸阳。
[16]
佐王谏议文章丰，伴驾刻石富思想。
[17]
梳理秦时文学丛，唯有通古为巨匠。
[18]
法家学说斯践运，推至极端走偏向。
[19]
焚书禁学毁文化，诡非矫诏国体殇。
[20]
若无贪权利己心，堪与周公列同榜。

注释

李斯，秦代著名的政治家、文学家和书法家。全诗共二十联，记述了李斯入秦辅主、献策、求变、设计、定制、理政、治国的主要经历，歌颂了他辅助秦始皇横扫六合、平定天下、建立帝制的卓越贡献和治政理业、富国强兵的超人智慧。

【1】李斯生于战国末年，是楚国上蔡人，年轻时做过掌管文书的小吏。后赴齐国求学，拜荀子为师，学习“帝王之术”。学业完成后，进入秦国，由于得到秦相吕不韦的器重，得以见到秦王，先任长史，后封客卿。从此，李斯在秦王的赏识和重用下，充分发挥自己的智慧和才华，成为“千古封建第一相”。

【2】李斯视野开阔，知识丰富，聪明过人，才华卓越，在秦国大臣中“鹤立鸡群”。明代思想家、文学家李贽认为：“秦始皇出世，李斯相之，天崩地坼，掀翻一个世界。”秦国由于李

斯的到来，出现了一片崭新的气象。

【3】 李斯在一次面见秦王时说："现在秦国力量强大，大王贤德，消灭六国如同扫除灶上的灰尘那么容易，现在是完成帝业，统一天下的最好时机，千万不能错过。"谏劝秦王顺应天下大势，快速决策，为统一天下做好准备。

【4】 李斯面见秦王，"设计挖心战"，主张离间各国君臣关系，制造敌对国家的内部矛盾，分化瓦解敌人。其具体实施策略，是"远交近攻"，即"先灭韩，以恐他国"的吞并顺序。李斯的主张和策略，迎合秦王的心意，被付诸实践。

【5】 正当秦王下决心统一六国之时，各国因害怕被秦国灭掉，纷纷派间谍来秦做宾客。阴谋暴露后，秦王下了逐客令，李斯也在被逐之列。于是，李斯给秦王写了一封信，这就是有名的《谏逐客书》。李斯认为，秦国逐客是削弱自己，"资助诸侯"，主张"招良纳士"，增强国势。秦王明辨是非，取消了逐客令。

【6】 李斯在《谏逐客书》中，情辞恳切，确实符合秦国的历史和现状，且又有较强的说服力，因此秦王在取消逐客令的同时，提拔他为廷尉。在此之后，秦国继续贯彻收揽人才、增强智囊的谋略，大力吸收新的外来人才，让他们为秦国效劳。

【7】 秦统一后，丞相王绾等劝秦始皇恢复周朝"封国建藩"的旧制，李斯坚决反对。他严厉指出分封制的种种弊端，不利于秦的统一和巩固，同时又阐明了推行郡县制，有利于增强中央集权的作用。

【8】 李斯的建议为秦始皇所采纳。于是分全国为 36 郡，郡下设县。郡县制与分封制相比，是一个历史性的进步，有利于国家的统一，有利于社会的安定，有利于社会经济、文化发

展。自此，郡县制垂用两千余年，至今没有改变，人们已经习以为常。

【9】 秦朝建立后，为了促进经济的交流和发展，李斯上奏皇帝，建议废除六国旧制，把度量衡在混乱不清的状况下明确统一起来，得到了秦始皇的允许。为了有效地贯彻，李斯又从制度和法律上采取措施，以保证度量衡的精确实施。

【10】 公元前 221 年，李斯提出“书同文”的建议，得到了秦始皇的赞成。于是，李斯在原有大篆的基础上，制作了标准字样——小篆。并且，亲作《仓颉篇》七章，每四字为句，作为学习课本，供人临摹。

【11】 不久，李斯又采用一个叫程邈的小吏创造的一种书体——隶书。隶书作为官方的正式书体，始于秦，盛于汉，直到魏晋才被楷书取而代之。但作为书法艺术，篆书、隶书因其独具一格，深受后人喜爱。在中国书法历史上，李斯是“用笔之法先行者”，书家的开山祖，深受后人敬仰。

【12】 公元前 210 年，李斯向秦始皇上了一道奏折：废除原来秦以外的六国货币，在中国范围内统一货币。在李斯的主持下，制定了上币和下币两种，珠玉、龟、贝、银、锡之类只能作为装饰品和宝藏，不得当作货币流通，并规定货币铸造权归国家所有。

【13】 李斯此举是我国经济史上的一个创举，他主持铸造的圆形方孔半两钱（俗称秦半两），因其造型设计合理，使用携带方便，一直沿用到清朝末年。

【14】 为了政令畅通，物资交流方便，李斯提出了“修驰道、车同轨”的建议，得到了秦始皇的赞同。在李斯的主持下，

秦国启动了一场大规模的统一车轨、修筑驰道的运动，并取得了明显的成效。

【15】 李斯以京师咸阳为中心，先修建了向东、向南的两条驰道，后又修建了“直道”“五尺道”“新道”三条驰道，形成了四通八达的交通网络，实现了“政通令顺四海连，人往物流接咸阳”的目标。

【16】 李斯在辅佐秦王平定天下、统一中国的过程中，留下了一大批的谏议奏疏、政论散文，如《谏逐客书》等，秦始皇先后五次出巡，七次立碑刻石，李斯作为始皇贴近重臣，多次伴驾东巡，碑石文字，多传是李斯所为。李斯的文章和文字思想丰富，文采飞扬。

【17】 李斯文章，无论谏议还是奏疏，都短小精悍，笔触犀利，而且笔锋带着强烈的情感，具有独特的风格。“梳理秦时文学丛，唯有通古为巨匠。”鲁迅称赞李斯：“秦之文章，李斯一人而已”，他的书法“小篆入神，大篆入妙”。这个评价是公正的。

【18】 李斯的一生，绝大部分时间都是在实践法家思想。他受到秦王重用后，以卓越的政治才能和远见，帮助秦王统一六国，建立帝制，功勋卓著。但在李斯生平的后期，将法家思想推向极端化，偏离了他“依法治国”的志向，留下了终生的遗憾。

【19】 公元前213年，李斯曲意迎合秦始皇的心意，步商鞅“燔《诗》《书》而明法令”的后尘，扩大事态，导致了“焚书坑儒”的结局，使中国古代文化遭到了一次空前的浩劫。同时，李斯由于私心作怪，馋害同学韩非，使其死于狱中；在秦始皇死后，又屈从奸臣赵高，诈立胡亥，杀害扶苏，逼死蒙恬，

使秦朝蒙受了巨大的“国殇”。

【20】 综合观察李斯的一生，有功有过。李斯作为封建社会的第一相，实事求是而论，应该说他功大于过。如果没有“贪权利己心”，以他的超人智慧和卓越贡献，可与周朝的周公“位列同榜”。

附录

谏逐客书

李 斯

臣闻吏议逐客，窃以为过矣。昔穆公求士，西取由余于戎，东得百里奚于宛，迎蹇叔于宋，来邳豹、公孙支于晋。此五子者，不产于秦，而穆公用之，并国二十，遂霸西戎。孝公用商鞅之法，移风易俗，民以殷盛，国以富强，百姓乐用，诸侯亲服，获楚、魏之师，举地千里，至今治强。惠王用张仪之计，拔三川之地，西并巴、蜀，北收上郡，南取汉中，包九夷，制鄢、郢，东据成皋之险，割膏腴之壤，遂散六国之众，使之西面事秦，功施到今。昭王得范雎，废穰侯，逐华阳，强公室，杜私门，蚕食诸侯，使秦成帝业。此四君者，皆以客之功。由此观之，客何负于秦哉！向使四君却客而不内，疏士而不用，是使国无富利之实，而秦无强大之名也。

今陛下致昆山之玉，有随和之宝，垂明月之珠，服太阿之剑，乘纤离之马，建翠凤之旗，树灵鼍之鼓。此数宝者，秦不生一焉，而陛下说之，何也？必秦国之所生然后可，则是夜光之璧，不饰朝廷；犀象之器，不为玩好；郑、卫之女不充后宫，而骏良駃騠不实外厩，江南金锡不为用，西蜀丹青不为采。所以饰后宫，充下陈，娱心意，说耳目者，必出于秦然后可，则是宛珠之簪，傅玑之珥，阿缟之衣，锦绣之饰不进于前，而随俗雅化，佳冶窈窕，赵女不立于侧也。夫击瓮叩缶弹筝搏髀，而歌呼呜呜快耳者，真秦之声也；《郑》、《卫》、《桑间》，《韶》、《虞》、《武》、《象》者，异国之乐也。今弃击瓮叩缶而就《郑》、《卫》，退弹筝而取《昭》、《虞》，若是者何也？快意当前，适观而已矣。今取人则不然。不问可否，不论曲直，非秦者去，为客者逐。然则是所重者在乎色乐珠玉，而所轻者在乎人民也。此非所以跨海内、制诸侯之术也。

臣闻地广者粟多，国大者人众，兵强则士勇。是以泰山不让土壤，故能成其大；河海不择细流，故能就其深；王者不却众庶，故能明其德。是以地无四方，民无异国，四时充美，鬼神降福，此五帝三王之所以无敌也。今乃弃黔首以资敌国，却宾客以业诸侯，使天下之士退而不敢西向，裹足不入秦，此所谓“借寇兵而赍盗粮”者也。夫物不产于秦，可宝者多；士不产于秦，而愿忠者众。今逐客以资敌国，损民以益雠，内自虚而外树怨于诸侯，求国无危，不可得也。

《會稽刻石》书法字帖拓片

项羽

项羽（前 232 —前 202），名籍，字羽，楚国下相（今江苏宿迁）人，楚国名将项燕之孙，堪称中国历史上最强的武将。

项羽早年跟随叔父项梁在吴中（今江苏苏州）起义反秦，项梁阵亡后他率军渡河救赵王歇，于巨鹿之战击破章邯、王离领导的秦军主力。秦亡后称西楚霸王，实行分封制，封灭秦功臣及六国贵族为王。而后汉王刘邦从汉中出兵进攻项羽，项羽与其展开了历时四年的楚汉战争。公元前 202 年，项羽兵败垓下（今安徽灵璧县南），突围至乌江（今安徽和县乌江镇）边自刎而死。

盖世绝力楚霸王

[1]
山能拔兮鼎来扛，盖世绝力楚霸王。
[2]
少拒学剑气浩然，志敌万人惊项梁。
[3]
会稽观视天子游，言欲取代帝始皇。
[4]
聚兵八千吴中起，诛杀秦帅下洛阳。
[5]
巨鹿九战擒王离，洹水立盟章邯降。
[6]
鸿门一宴慈悲行，沽名一闪遗祸殃。
[7]
诸侯垂封弃帝业，关中离走归故乡。
[8]
西击东防战彭城，鸿沟和议强虏放。
[9]
垓下悲歌别虞姬，无颜江东自刎亡。
[10]
壮士刚烈后人祭，乌江修庙烟火香。
[11]
史记讴颂意独明，宋诗倾情留绝唱。
[12]
倘若恤民信亚父，江山岂会易刘邦。

注释

项羽，中国军事思想“兵形势”代表人物，中国历史上最强的武将。全诗共十二联，记述了项羽的英雄气概、志向，以及吴中起兵、兵下洛阳、巨鹿九战、洹水立盟、鸿门沽名、分封诸侯、关中离走、西击彭城、鸿沟和议、垓下悲歌、乌江自刎的主要经历，歌颂了他在战场上英勇杀敌的浩然气概和在消灭秦军主力、灭亡秦朝过程中的伟大贡献。

【1】 项羽身高八尺多，力能扛鼎，有“力拔山兮气盖世”的将才和抱负。在推翻秦朝的过程中，冲锋陷阵，叱咤风云，所向披靡，屡建奇功。

【2】 项羽少年时，叔父项梁教他学剑，没多久就不学了，说：“读书识字只能记住个人名，学剑只能和一个人对敌，要学就学万人敌。”项梁对他的豪言、气概，非常惊讶、佩服。

【3】 秦始皇到会稽游玩，驾大船渡浙江，项羽和项梁一起观看，项羽对项梁说：“秦始皇是可以被取代的。”项梁连忙捂住项羽的嘴说：“你不要胡乱说话，否则会给全族招来祸患。”项羽的话，表示了他的浩然气概和远大志向。

【4】 公元前209年，陈胜、吴广在大泽乡揭竿而起。同年九月，项梁和项羽聚兵八千，在吴中起事。公元前208年，陈胜被杀，项梁立楚怀王之孙熊心为新的楚怀王。项羽在项梁的派遣下，兵下洛阳，并斩杀秦将李由。

【5】 公元前207年，项羽率楚军救赵。项羽率领全部兵马渡河，破釜沉舟，在巨鹿与秦军大战九次，斩杀秦副将苏角，

生擒秦主将王离，秦副将涉间不愿投降而自杀。巨鹿一战，项羽成为诸侯上将军。之后，项羽通过洹水立盟，接受了秦军章邯主将的投降。

【6】 项羽消灭秦军主力后，率诸侯军向关中挺进，在攻破函谷关后，驻军鸿门，于是上演了千古一剧——鸿门宴。在鸿门宴上，项羽“心慈手软”，不听谋士亚父范增之言，轻信项伯，沽名一闪，放走对手刘邦，遗下祸殃。亚父在刘邦走后，叹道：“夺项羽天下的人，一定是刘邦。”

【7】 项羽进入咸阳后，不听人忠告，放弃称帝的机会，自立为西楚霸王，封刘邦为汉王、章邯为雍王、司马欣为塞王、董翳为翟王、魏王豹为西魏王、申阳为河南王……一共封了十八个诸侯王。分封结束后，项羽定都彭城，带兵回乡。

【8】 项羽分封完诸侯，诸侯各前往封国。但不久烽火又起，项羽平乱不断。公元前 205 年，刘邦出蜀入关，率领五路诸侯兵马五十六万，乘项羽在外攻齐，一举攻下楚都彭城。项羽亲率精兵三万救援，绕开汉军东部防线，从西进攻，大破刘邦，夺回彭城，赢得胜利。公元前 203 年，楚汉两军在鸿沟对峙，项羽腹背受敌，又粮草不继，于是送还刘邦家眷，与刘邦签鸿沟和议——以鸿沟为界，中分天下。这样项羽又一次放走了对手刘邦。

【9】 鸿沟和议后，项羽引兵东归，刘邦却乘这个时候突然撕毁盟约，追击项羽，想把项羽一举消灭。项羽引兵反击，大破汉军。刘邦为了打败项羽，以加封土地为条件，说动韩信、彭越、英布等诸王，统率五路大军六十余万，合围楚军于垓下。于是，上演了千古悲剧——“霸王别姬”。项羽在汉军的合围

下，逃到乌江，遇见乌江亭长，亭长劝项羽回江东以图东山再起，但项羽以无颜见江东父老为由拒绝，下马步战，在一口气杀了汉兵几百人后，挥刀自刎。

【10】 项羽的人格魅力就是绝不服输，他自刎乌江，不是怯弱者无可奈何的逃避，而是勇敢者的人生顿悟，是英雄伟人自觉承担历史责任的壮举。乌江人民世代敬仰项羽，在他自刎之处立庙祭奠，香火不断，至今巍峨壮观。

【11】 在《史记》中，司马迁精彩淋漓地写项羽乌江自刎、悲壮谢幕，就是要歌颂项羽的英雄气概，留给人间一片正气。宋代著名女词人李清照写了《夏日绝句》："生当作人杰，死亦为鬼雄。至今思项羽，不肯过江东。"这是女词人李清照怀着对项羽的崇敬心情留下的绝唱，表达了千百年来人们对项羽刚勇精神的赞颂。

【12】 项羽山能拔、鼎能扛、力盖世、气浩然、志震天，却最后兵败垓下、自刎乌江，最终成为历史上的一代"悲雄"，惜哉，悲也。纵观项羽的一生，如果他能体恤民情，爱护民力，信用亚父，那么"江山岂会易刘邦"。

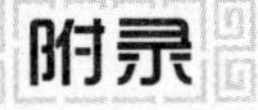

垓下歌

楚汉 · 项羽

力拔山兮气盖世。时不利兮骓不逝。

骓不逝兮可奈何！虞兮虞兮奈若何！

夏日绝句

宋 · 李清照

生当作人杰，死亦为鬼雄。

至今思项羽，不肯过江东。

《史记·项羽本纪》(节选)

西汉 · 司马迁

项籍者，下相人也，字羽。初起时，年二十四。其季父项梁，梁父即楚将项燕，为秦将王翦所戮者也。项氏世世为楚将，封于项，故姓项氏。

项籍少时，学书不成，去；学剑，又不成。项梁怒之。籍曰："书足以记名姓而已。剑一人敌，不足学，学万人敌。"于是项梁乃教籍兵法，籍大喜，略知其意，又不肯竟学。项梁尝有栎阳逮，乃请蕲狱掾曹咎书抵栎阳狱掾司马欣，以故，事得已。项梁杀人，与籍避仇于吴中。吴中贤士大夫皆出项梁下。每吴中有大繇役及丧，项梁常为主办，阴以兵法部勒宾客及子弟，以是知其能。秦始皇帝游会稽，渡浙江，梁与籍俱观。籍曰："彼可取而代也。"梁掩其口，曰："毋妄言，族矣！"梁以此奇籍。籍长八尺余，力能扛鼎，才气过人，虽吴中子弟皆已惮籍矣。

汉高祖

汉太祖高皇帝刘邦（前 256—前 195），沛丰邑中阳里人，汉朝开国皇帝，汉民族和汉文化伟大的开拓者之一，中国历史上杰出的政治家、卓越的战略家。对汉族的发展，以及中国的统一和强大有突出贡献。

高祖十二年，刘邦因讨伐英布叛乱，被流矢射中，病重不起，公元前 195 去世，庙号太祖，谥号高皇帝。毛泽东对刘邦的评价是“封建皇帝里边最厉害的一个”。

盖因怜民任贤人

[1]
昔曾隐匿芒砀中，沛郡起事露峥嵘。
[2]
审时见粱归楚营，度势与羽结弟兄。
[3]
西进咸阳灭暴秦，约法三章抚士众。
[4]
鸿门赴宴心不惊，项庄舞剑色从容。
[5]
楚汉相争四年整，垓下一战国一统。
[6]
开基面南定陶城，肇始定都长安宫。
[7]
欲知汉业天下兴，须聆沛公论臣贡：
[8]
千里之外善决胜，运筹帷幄张良功；
[9]
安护百姓镇后方，征粮集草萧何供；
[10]
将兵百万驰沙场，行军督阵韩信勇。
[11]
楚有范增多奇谋，惜乎项籍少纳用。
[12]
盖因怜民任贤人，方得布衣化真龙。

注释

刘邦，汉朝开国皇帝，汉民族和汉文化伟大的开拓者之一，中国历史上杰出的政治家、战略家。全诗共十二联，记述了匿芒砀、郡起事、灭暴秦、抚士众、赴鸿门、围项羽、统天下、开基业、定都城、论臣功的主要经历和杰出事迹，歌颂了他临危不惊、从容自若的良好心理素质，爱惜民众、知人善任的优秀品质和坚韧不拔、善于斗争的伟大精神。

【1】 刘邦平民出身，曾任沛县泗水亭长，在当地小有名气。刘邦娶妻吕氏，后来以亭长身份为泗水郡送徒役去骊山，因路途中很多徒役逃跑，就和余下的徒役隐匿于芒砀山中。

公元前209年，秦末农民起义爆发，陈胜、吴广建立了张楚政权，和秦朝公开对抗。刘邦走出芒砀山，和萧何、曹参等在沛郡起事，自称赤帝子，领导民众举起了反秦大旗。

【2】 这一年，秦末农民战争中，还有一支强大的力量，其统帅是原来楚国贵族的后代项梁和项羽。他们在吴中起事，兵力近万。刘邦审时度势，拜见项梁，归入楚营，并在项梁的提议下，刘邦和项羽结为兄弟，共同抗击秦军。

【3】 不久，楚军统帅项梁战死。楚怀王调整部署，分兵两路，进攻秦军。其中北路楚军以宋义为主将（后来宋义被杀，由项羽担任主将），西路军以刘邦为主将。约定谁先入关中，谁就是关中王。刘邦率军西征，一路斩关夺隘，屡破秦军，攻入咸阳，夺取关中，接受秦三世子婴的传国玉玺。至此，建国十

五年零四十七天的秦朝灭亡。

刘邦进入咸阳城后，接受张良、樊哙等的劝说，退军灞上，并召集当地的名士，和他们约法三章：杀人者死，伤人及盗抵罪。其他秦朝的苛刻法制一律废除，这使他得到了民心的支持。

【4】 项羽在打败章邯、消灭秦军主力之后，也领兵直奔关中，并在范增的授意下，设下鸿门宴。刘邦赴宴鸿门，在项羽叔父项伯以及张良、樊哙的帮助下，“心不惊”，“色从容”，躲过“项庄舞剑”一劫，全身而退，保住了自己的生命和部队的实力。

【5】 之后，楚汉两军为争夺天下进行了整整四年的战争。在四年的战争中，项羽屡战屡胜，刘邦屡战屡败。但刘邦毫不气馁，坚韧不拔，最后，统合韩信、刘贾、彭越、英布等各路汉军六十余万，合围楚军十万于垓下。经过决战，楚军被歼、项羽自刎，刘邦继秦始皇后，又一次平定海内，统一天下。

【6】 公元前202年2月28日，刘邦在山东定陶汜水之阳举行登基大典，定国号为汉，是为汉高帝。刘邦继皇帝位后，初都洛阳，不久正式定都长安，开基肇始，史称西汉。

【7】 刘邦以布衣之身，提三尺剑而取得天下，建立大汉基业，这是因为百折不挠、越挫越勇的刘邦知道如何处理人际关系，其成功在于他具有高超的用人、驭人的领导能力即帝王权术。有一次，刘邦在宴会上评论自己为什么得天下以及群臣的贡献时，一语泄露了他的“天机”，说得中肯、实在，使众臣折服。

【8】 刘邦说："夫运筹帷幄之中，决胜千里之外，吾不如子房。"张良，聪明绝顶、智慧超人，是刘邦的重臣，是秦末的著名战略家；既知天下之事，又知天下之势，在刘邦每次身临险境之时，都能及时地提出良策，使他转危为安，渡过难关。

【9】 刘邦说："填国家，抚百姓，给饷粮，不绝粮道，吾不如萧何。"萧何，忠诚敦厚，思虑周密，埋头苦干，也是刘邦的重臣，是汉军的"后勤部长"。刘邦在前线统兵作战，他在后方准备资源，保证了军队的粮饷，为战胜敌人提供保障。

【10】 刘邦说："连百万之众，战必胜，攻必取，吾不如韩信。"韩信，神机妙算，足智多谋，善于用兵，也是刘邦的重臣，是秦末的著名军事家。汉军正是由于韩信的指挥，才能在历次的紧要关头，反败为胜，最后合围垓下，打败项羽。

【11】 刘邦在论说张良、萧何、韩信的基础上，继续说："三者皆人杰，吾能用之，吾所以取天下者也。项羽有一范增而不能用，此所以为我禽也。"范增，是秦末卓越的战略家，他聪明过人，才气横溢，其战略思想、战阵设计，决不在张良、韩信之下。刘邦的一番话，显示了其卓越的识人眼光和超常的驭人方略。

【12】 纵观刘邦战胜项羽、夺取天下的过程，究其胜利的原因，核心的要素有两个：一是体恤民众，不滥杀无辜，进入关中约法三章，取得了民心的支持；二是善于纳言，知人善任，在他手下集聚了一大批如张良、萧何、韩信、陈平、周勃等能臣，为其所用。最终"布衣化真龙"，成为西汉的开国皇帝。

附录

大风歌

汉·刘邦

大风起兮云飞扬，
威加海内兮归故乡，
安得猛士兮守四方！

鸿鹄歌

汉·刘邦

鸿鹄高飞，一举千里。
羽翼已就，横绝四海。
横绝四海，又可奈何。
虽有矰缴，尚安所施。

汉武帝

汉武帝刘彻（前 156—前 87），西汉第七位皇帝，杰出的政治家、战略家、辞赋家。

刘彻十六岁登基，为巩固皇权，汉武帝设置中朝，在地方设置刺史，开创察举制选拔人才。采纳主父偃的建议，颁行推恩令，解决王国势力，并将盐铁和铸币权收归中央。文化上采用了董仲舒的建议，“罢黜百家，独尊儒术”，结束先秦以来“师异道，人异论，百家殊方”的局面。汉武帝时期攘夷拓土、国威远扬，东并朝鲜、南吞百越、西征大宛、北破匈奴，奠定了汉地范围，首开辟丝路，首创年号，兴太学。

汉承秦制刘彻峰

[1]
帝业开基始嬴政，汉承秦制刘彻峰。
[2]
推恩令颁强集权，郡辖诸侯弱分封。
[3]
建区设置刺史制，抑压豪强官吏侦。
[4]
举仕不问贵贱定，荐才勿以族种分。
[5]
丞相公孙平民来，将帅卫青奴仆身。
[6]
北击三役匈奴溃，西征三战西域稳。
[7]
闽越属汉南疆平，西南归降滇王顺。
[8]
货币公铸国发行，盐铁官营保利润。
[9]
树阁立室藏图书，招贤纳良重文人。
[10]
太乐官署掌雅乐，乐府机关俗乐存。
[11]
表彰六经兼百家，举办太学育新能。
[12]
西域之交物流通，丝绸之路贸易盛。
[13]
外儒欲显怀柔情，内法则示约众臣。
[14]
暮年自下罪己诏，敢评功过担责任。

[15]
莅位图治五十四， 史创第一十二整。

[16]
倘无巫蛊之祸起， 汉武足宜为帝圣。

注释

汉武帝，中国杰出的政治家、战略家、辞赋家。全诗共十六联，记述了汉武帝强集权、弱分封、设刺史、抑豪强、举贤才、拓疆土、平边疆、铸国币、建书馆、设乐府、彰六经、兴太学、促物流、重法制、担责任的治国经历和杰出事迹，歌颂了他为中国国体建设和文化建设作出的伟大贡献。

【1】 秦始皇并吞六合、平定天下，建立了中国历史上第一个高度集权的封建专制国家。汉武帝继承秦制，为巩固统一和发展封建经济、政治、文化等作出了历史性的贡献。

【2】 汉武帝十六岁登基，在窦太后去世后，为了巩固皇权，削弱诸侯王势力，颁布大臣主父偃提出的推恩令，以法制来推动诸侯王分封诸子为侯，使诸侯王的封地不得不自我缩减。这样，大大削弱了诸侯王的权力，进一步奠定了中国大一统的政治格局。

【3】 为了进一步加强君主权力，汉武帝用派御史的方式对地方的豪强、官吏进行监督。公元前 106 年，将全国分为十三个检察区，每个区叫做部，每部派出一名刺史。刺史在当时相当于钦差大臣，其职责是侦视不法，抑制豪强。

【4】 汉武帝时任用官吏是多元化的，尤其突出的是汉武帝

用人唯才是举、不拘一格。这种用人方针，使国家人才济济、贤能众众。历史学家班固曾惊叹地说：“汉之得人，于此为盛!”

【5】 在汉武帝不拘一格的用人方针下，许多能人脱颖而出，担当了治国、治军的重任。如：丞相公孙弘、御史大夫儿宽，是从贫苦平民中选拔上来的；重要将领卫青、霍去病，分别是从奴仆和奴产子中选拔上来的。

【6】 西汉从汉武帝时期开始，国力强盛。公元前 133 年到前 119 年，汉武帝派兵和匈奴进行多次作战。其中，通过河南之战、河西之战和漠北之战三次决定性的战役，击溃了匈奴。同时，通过远征大宛、楼兰之战和莎车之战，平定了西域。

【7】 公元前 110 年，汉武帝指派将领开拓闽越，使长期半割据状态的东越、南越地区，均归属汉朝，南边的疆域到达今天的越南的南部。同时，组织军队开拓西南，基本上将西南夷地区纳入汉朝的统治范围。这样，使汉朝版图东抵日本海、南及交趾、西越葱岭、北达阴山，奠定了汉地的范围。

【8】 汉武帝统治时期，先后进行了六次币制改革，将地方的铸币权重新统一于中央，基本上解决了汉初以来一直未能解决的币制问题。同时，将盐铁茶归由政府及国企控制，使国家独占国计民生意义最重要的手工业和商业的利润。

【9】 汉武帝时期，政府下令在全国范围内征集图书，并树阁立室进行收藏。其时，皇室和政府藏书达到 33 090 卷，丰富空前。与此同时，汉武帝招贤纳良，重用文人，让他们参加国家的各种活动。

【10】 汉武帝时期，创设了乐府。乐府本指管理音乐的官府。汉武帝在掌管雅乐的太乐官署之外，另创立乐府官署，掌

管俗乐，收集民间的歌辞入乐。后来，人们把乐府机关配乐演唱的诗歌，也称乐府。

【11】 汉武帝听取儒家代表人物董仲舒的建议，“罢黜百家，表彰六经”，把儒家学说作为封建正统思想。同时，汉武帝还大力推行入学教育，在长安举办太学，培育新人。其实，汉武帝在当时并没有限制其他各家的发展，如阴阳家夏侯始昌、法学家公孙弘、纵横家主父偃都得到重用，担任高职。

【12】 汉武帝时期，沟通与西域的关系，你来我往，物流十分昌盛。同时，任命张骞为中郎将，率领三百多随员，开辟丝绸之路，使东到长安，西到罗马帝国，最远至埃及亚历山大的贸易通道基本形成。

【13】 汉武帝统治国家、驾驭大臣，富有策略，善用方法。从外部而言，他听从董仲舒的建议，“罢黜百家，表彰六经”，以显示自己的怀柔之情；从内部而言，他重视法制的制定和完善，加强依法治国，依法理政，约束众臣，增强中央集权制，保证国家的长治久安。

【14】 汉武帝晚年因巫蛊之祸造成父子相残、太子刘据自杀，后来对自己过去的所作所为颇有悔意，于是下《轮台罪己诏》，“朕继位以来，所为狂悖，使天下愁苦，不可追悔。自今事有伤害百姓，靡费天下者，悉罢之!”以表示承认自己的错误（在中国历史上，汉武帝是第一个用“罪己诏”进行自我批评、担当历史责任的皇帝）。汉武帝的自我批评，赢得了人民的谅解，使社会逐渐归于和谐，为昭宣中兴的盛世奠定了基础。

【15】 汉武帝开创了西汉王朝最鼎盛繁荣的时期，是中国封建王朝第一个发展高峰，他的治理使汉朝成为当时世界上最

强大的国家。汉武帝在位五十四年，创造了如使用年号、颁布历法、绘制地图、打通丝绸之路等十多个“第一”，在中国历史上，留下极其深远的影响。

【16】 在中国历史，汉武帝是西汉时期很有作为的一位皇帝。汉武帝执政时期，西汉王朝达到鼎盛时期，封建国家的政治、经济、文化、军事等各方面都得到了空前的发展。他的“文治武功”的业绩令后人瞩目，如果没有“巫蛊之祸”，汉武帝足以成为历代皇帝中的圣人。

附录

秋风辞

汉·刘彻

秋风起兮白云飞，草木黄落兮雁南归。
兰有秀兮菊有芳，怀佳人兮不能忘。
泛楼船兮济汾河，横中流兮扬素波。
箫鼓鸣兮发棹歌，欢乐极兮哀情多。
少壮几时兮奈老何！

苏武（前 140—前 60），字子卿，汉族，杜陵（今陕西西安）人，代郡太守苏建之子。西汉大臣，武帝时为郎。

天汉元年（前 100 年）奉命以中郎将持节出使匈奴，被扣留。匈奴贵族多次威胁利诱，欲使其投降；后将他迁到北海（今贝加尔湖）边牧羊，扬言要公羊生子方可释放他回国。苏武历尽艰辛，留居匈奴十九年持节不屈。至始元六年（前 81 年），方获释回汉。

苏武去世后，汉宣帝将其列为麒麟阁十一功臣之一，彰显其节操。

麒麟阁画寻苏公

[1]
苏武持节赴北匈，适逢其国起内讧。
[2]
副使受访言不慎，主将牵累入事中。
[3]
加刑不屈面凛然，招降不辱气节崇。
[4]
咒奸负义背君恩，斥贼滋端两国攻。
[5]
身囚食禁置大窖，啮雪吞毡显神勇。
[6]
北海放逐牧公羊，仗节掘鼠向南空。
[7]
少陵设酒情意劝，子卿词严国朝重。
[8]
闻讯汉武刘彻崩，朝夕哭吊天地动。
[9]
羁匈十九人回十，归汉长安帝赐功。
[10]
官尊祭酒赏物丰，财散亲友心思松。
[11]
中华三不数典型，麒麟阁画寻苏公。
[12]
抗日皆唱牧羊歌，爱国须尚真英雄。

注释

苏武，是我国古代卓越的外交家，是中华民族伟大的爱国英雄。全诗共十二联，记述了苏武使匈奴、受牵累、拒威逼、囚大窖、牧公羊、志坚定、归故国的主要经历，歌颂了他崇气节、爱祖国的民族精神和面强敌、敢斗争的崇高品质。

【1】 公元前100年，苏武奉汉武帝之命，与副中郎将张胜、使臣常惠共一百余人，持节赴北匈奴。其时适逢北匈奴发生内讧，缑王与虞常准备绑架单于母亲投奔汉朝。

【2】 匈奴虞常私下拜访张胜，希望张胜帮助。张胜出言不慎，答应匈奴虞常。一个月后，缑王和虞常发动叛变，结果被单于挫败。缑王被杀，虞常被抓，招出张胜，牵累苏武。

【3】 匈奴单于派卫律召唤苏武来受审讯。苏武说："屈节辱命，即使活着，有什么面目归汉！"说着拔刀自刺，卫律抱住苏武，找医治疗，救活苏武。单于钦佩苏武节操，一面派人探望苏武，一面把张胜监禁起来。

【4】 苏武伤势逐渐好转，单于派人劝降苏武，并同时审判虞常和张胜。匈奴卫律亲斩虞常、劝降张胜后，威逼苏武屈降。苏武面对威胁，咒骂汉朝叛臣卫律，并说："你明知我不降，却要杀我，令两国开战，匈奴的覆灭就从我开始吧。"

【5】 苏武越不屈，单于越发想使他投降。匈奴就囚禁苏武置于大窖内，不给他吃喝。天下雪，苏武卧着嚼雪，同毡毛一起吞下，几日不死。匈奴以为他是神人，难以使他屈服。

【6】 匈奴想出新的折磨办法，将苏武迁至北海，让他放牧

公羊，还说等公羊生小羊后，才可归汉。苏武到了北海，没有粮食，就掘野鼠所储藏的果实吃。苏武在牧羊时，每天持着汉节，眼望南空，意志坚定，毫不动摇。

【7】 公元前99年，汉将李陵投降匈奴，但不敢访求苏武。后单于派李陵去北海，为苏武设酒宴和歌舞，规劝苏武投降匈奴。但是苏武面对劝降，义正词严，坚决拒绝。李陵喟然长叹："真是义士啊！我和卫律罪过通天！"说罢流泪诀别。

【8】 后来，李陵又到北海，告之汉武帝驾崩的信讯，苏武听罢，向南大哭，吐血，每天早晚均要哭吊，一连数月之久。苏武哭吊之烈，恸天地，泣鬼神。

【9】 公元前87年，汉昭帝继位。几年后，匈奴汉朝达成和议，汉朝要求匈奴放还苏武等人。公元前81年，苏武在匈奴被扣留19年后，和余下的九人一起回归汉朝。汉昭帝令苏武拜谒武帝园庙后，进行加封、赏赐。

【10】 公元前74年，汉宣帝继位，封苏武为"祭酒"，并进行厚赏。苏武把所有赏赐全部施送给弟弟和过去的邻里朋友，家中不留一点财物。苏武的义行，得到了汉朝许多大臣的敬重和称道。

【11】 苏武在出使匈奴、不幸被拘留的十九年艰苦漫长的岁月中，表现出威武不能屈、贫贱不能移、富贵不能淫的高尚品质，是中国历史上"三不"的典型。苏武去世后，汉宣帝将其列为麒麟阁十一功臣之一，彰显其节操。

【12】 千百年来，多少志士仁人以苏武为楷模，与敌人进行艰苦卓绝的战斗；以他为榜样，来砥砺鼓舞自己的斗志。《苏武牧羊歌》在抗日战争时期，成为我国人民妇孺皆唱的流

行歌曲。人们咏唱这首歌，旨在发扬民族气节，激励抗日斗志。今天，人类已经进入了二十一世纪，但是中华民族仍然需要苏武的气节，需要英雄的精神，为实现中华民族的伟大复兴服务。

附录

《汉书·苏武传》（节选）

东汉·班固

卫律知武终不可胁，白单于。单于愈益欲降之。乃幽武，置大窖中，绝其饮食。天雨雪。武卧啮雪，与毡毛并咽之，数日不死。匈奴以为神，乃徙武北海上无人处，使牧羝。羝乳乃得归。别其官属常惠等，各置他所。武既至海上，廪食不至，掘野鼠去草实而食之。仗汉节牧羊，卧起操持，节旄尽落。积五、六年，单于弟于靬王弋射海上。武能网纺缴，檠弓弩，于靬王爱之，给其衣食。三岁余，王病，赐武马畜、服匿、穹庐。王死后，人众徙去。其冬，丁令盗武牛羊，武复穷厄。

留别妻

汉·苏武

发为夫妻，恩爱两不疑。
欢娱在今夕，嬿婉及良时。
征夫怀远路，起视夜何其？

参辰皆已没，去去从此辞。
行役在战场，相见未有期。
握手一长叹，泪为生别滋。
努力爱春华，莫忘欢乐时。
生当复来归，死当长相思。

苏武牧羊

苏武留胡节不辱。雪地又冰天，穷愁十九年。渴饮血，饥吞毡，牧羊北海边。心存汉社稷，旄落犹未还。历尽难中难，心如铁石坚，夜在塞上时听笳声，入耳痛心酸。

转眼北风吹，雁群汉关飞。白发娘，望儿归，红妆守空帏。三更同入梦，两地谁梦谁？任海枯石烂，大节不稍亏。终教匈奴心惊胆碎，拱服汉德威。

司马迁

司马迁（前 145—前 90），字子长，夏阳（今陕西韩城南）人，一说龙门（今山西河津）人。西汉伟大的史学家、文学家、思想家。司马谈之子，先任太史令，后任中书令。虽惨受宫刑，但仍发奋完成所著史籍，被后世尊称为史迁、太史公、历史之父。

他以其“究天人之际，通古今之变，成一家之言”的史识创作了中国第一部纪传体通史《史记》。《史记》被公认为是中国史书的典范，该书记载了从上古传说中的黄帝时期，到汉武帝元狩元年，长达三千多年的历史，是“二十五史”之首，被鲁迅誉为“史家之绝唱，无韵之离骚”。

华夏史圣司马公

[1]
纵溯史学形与踪，华夏史圣司马公。

[2]
少岁耕牧留龙门，青年游历访士众。

[3]
依家博阅读古文，居京广览文案通。

[4]
交如贤长孔安国，识似良师仲舒董。

[5]
学贯阴阳兼百家，习精天地古今融。

[6]
曾与壶遂造汉历，喜随相如辞赋颂。

[7]
继父任职太史令，承祖修纂史书丛。

[8]
固守信义辨李陵，忍辱赎身受刑宫。

[9]
呕心沥血时光逝，鸿篇巨著笔端涌。

[10]
一百三十篇篇经，五十二万字字重。

[11]
纪传体制开先河，华夏三千见真容。

[12]
立身秉持实与正，履业崇尚慎和躬。

[13]
太师伟业悬日月，史记奇书耀九空。

注释

司马迁，中国历史上伟大的史学家、文学家、思想家。全诗共十三联，记述了司马迁的耕牧、游历、博阅、广览、拜贤、兼学、受刑、著史的主要经历，歌颂了他坚持正义、敢于直言的崇高品质和含垢忍辱、发奋著书的伟大精神。

【1】 纵溯华夏史学的历史，司马迁无疑是中国历史上史学家第一人。司马迁适应时代的需要，继承父亲的遗志，依靠当时前无古人的物质和社会条件，结合自己的感受和亲闻亲见，撰写了中国第一部纪传体通识《史记》。

【2】 司马迁出生于黄河龙门的一个小康家庭，年轻时学习认真，参加劳动，过着耕读放牧的生活。稍稍年长之后，便离开龙门故乡，在父亲的指点下，遍访河山，游历天下，搜集遗闻古事，网罗逸事旧闻，获得了许多知识。

【3】 司马迁年幼时在父亲司马谈的指导下，习字读书，十岁时已能阅读诵习古文，如《尚书》《左传》《国语》《系本》等。来到京城长安居住后，利用父亲职务的方便和丰富的藏书，广泛阅览国家的各种文书、档案，进一步丰富了知识。

【4】 司马迁在长安居住和任职期间，适逢“汉之得人，于兹为盛”的汉武盛世，得以结识汇聚长安的天下贤能之士。其中，对司马迁影响最大的莫过于董仲舒与孔安国。董仲舒是当时儒家的代表，孔安国是孔子的后人。司马迁通过与这些贤能志士的交流、研究、探讨，获得了更多的写作素材和有关知识。

【5】 司马迁经过自学、游学和与贤能之士的交流、研究、

探讨，精通百家，学贯阴阳，熟识天文、律历、地理、医学、占卜。可谓到了对各种知识和各种学派融会贯通、过目成诵的境地。

【6】 司马迁兴趣广泛，爱好众多。公元前104年，曾与天文学家壶遂等联手研讨，造出了《太初历》。同时，他十分喜爱文学，推崇屈原、贾谊、司马相如的词赋，自己也擅于辞赋和散文的创作。在当时，司马迁的辞赋与司马相如齐名。

【7】 公元前108年，司马迁继承父职担任太史令。弥留之际的父亲司马谈对司马迁说："我们的祖先是周朝的太史，远在上古虞舜夏禹时代就取得过显赫的功名，主管天文工作。你继位太史就可以继续我们祖先的事业了。如今汉朝兴起，海内统一，贤明的君主、忠义的臣子的事迹，如果作为太史不予评论记载，中断国家的历史文献，对此我感到十分不安，你可要记在心里啊！"司马迁低下头，流着眼泪说："小子虽然不聪明，但是一定要把父亲编纂历史的计划全部完成，不敢有丝毫的缺漏。"

【8】 公元前99年，汉武帝派李陵出兵匈奴。李陵因粮尽矢绝、援兵不到，最终降敌。司马迁固守信义，为李陵辩说了几句，获罪于武帝，被施宫刑，遭受人生大辱。

【9】 司马迁在遭受宫刑之后，含垢忍辱、呕心沥血，完成了《史记》的撰写。

【10】 公元前91年，《史记》全书完成，全书一百三十篇，五十二万六千五百余字，包括十二本纪、三十世家、七十列传、十表、八书，对后世的影响极为巨大，被称为"实录"、"信史"。

【11】 司马迁的《史记》，开创了纪传体通史的先河，记录

了从上古传说的黄帝时期，到汉武帝元狩元年，长达三千多年的华夏民族的历史。鲁迅先生誉之为“史家之绝唱，无韵之离骚”，被后人列为前“四史”之首，与北宋司马光的《资治通鉴》并称为“史学双璧”。

【12】 司马迁写史记，无论记人叙事、素材处理，都秉持公正，求实求真，下笔三思，挥毫谨慎，充分表现了一个史学家治史的严谨态度和撰述的高超能力。

【13】 司马迁以其“究天人之际，通古今之变，成一家之言”的史识创作了中国第一部纪传体通识《史记》，为中国历史的研究和撰述树立了光辉的典范和学习的榜样。司马迁的治史精神、治学态度和他的不朽杰作《史记》，永远“悬日月”“耀九空”。

司马迁名句

高山仰止，景行行止。虽不能至，心向往之。——司马迁《史记》

飞鸟尽，良弓藏；狡兔死，走狗烹。——司马迁《史记》

天下熙熙，皆为利来；天下壤壤，皆为利往。智者千虑，必有一失；愚者千虑，必有一得。桃李不言，下自成蹊。——司马迁《史记》

人固有一死，死有重于泰山，或轻于鸿毛。——司马迁《报任安书》

司马迁

宋·王安石

孔鸾负文章，不忍留枳棘。

嗟子刀锯间，悠然止而食。

成书与后世，愤悱聊自释。

领略非一家，高辞殆天得。

虽微樊父明，不失孟子直。

彼欺以自私，岂啻相十百。

汉光武帝

汉光武帝刘秀（前 5—57），字文叔，南阳郡蔡阳县人，东汉王朝开国皇帝，中国历史上著名的政治家、军事家。

新朝王莽末年，海内分崩，天下大乱，身为一介布衣却有前朝皇族血统的刘秀在家乡乘势起兵。经过长达十二年之久的统一战争，刘秀先后平灭了关东、陇右、西蜀等地的割据政权，结束了自新莽末年以来长达二十年的军阀混战与割据局面。刘秀在位三十三年，大兴儒学，推崇气节，东汉一朝也被后世史家推崇为中国历史上“风化最美、儒学最盛”的时代。

光武神明为帝榜

[1]
王莽篡汉万物殃，　刘秀举义舂陵乡。
[2]
慎思起扯汉室旗，　观时联绿诛甄梁。
[3]
援守兼用解昆阳，　席卷长安摧新莽。
[4]
隐忍长兄无辜死，　谢罪更始计韬光。
[5]
河北定基千秋亭，　鄗城面南光武皇。
[6]
十二征战烽火灭，　海内一统割据亡。
[7]
圣德灵威驾天下，　龙兴凤举图生旺。
[8]
厚待功贵罢军权，　集揽尚书奸佞防。
[9]
裁减官职去冗员，　革新兵制弱地方。
[10]
整顿吏治除积弊，　崇行节俭选贤良。
[11]
简省刑法释奴婢，　轻徭薄赋与民养。
[12]
偃武止旅不边功，　修学设博经书藏。
[13]
丈量土地校户口，　抚压相济抑豪强。
[14]
辞世勿忘身后事，　葬礼不奢孝文尚。

[15]
柔道治政社稷兴，亲民理业国世昌。

[16]
纵论华夏皇业史，光武神明为帝榜。

注释

汉武帝，东汉王朝开国皇帝，中国历史上著名的政治家、军事家。全诗共十六联，记述了刘秀举义、联绿、解昆、摧莽、韬光、称帝、征战、治国的主要经历，歌颂了其叱咤风云、消灭割据、平定海内、统一天下的卓著功绩和治理国家、驾驭众臣、发展经济、安抚百姓的超人智慧。

【1】 西汉末年，成帝昏聩不堪，委政母族，致使王莽篡汉，天下大乱，万物遭殃。刘秀经过深思熟虑和谨慎决断，发动当地民众，在舂陵乡举义。

【2】 刘秀虽名为皇族后裔，但其时已沦为普通平民。他为人多谋，处事谨慎。为了适应当时的形势，刘秀会同大哥刘縯打着“复高祖帝业，定万世之秋”的旗号，反对王莽建立的新朝。

刘秀在起义的开始阶段，兵少将寡，装备很差，于是联合绿林，进攻王莽军，击杀了王莽大将甄阜、梁丘疵等人。

【3】 公元 23 年，西汉宗室刘玄被绿林军拥立为帝，史称更始帝。刘秀与刘縯虽然不满，但由于绿林军人多势大，只能作罢。王莽听说刘玄称帝，发动精兵四十二万扑向昆阳。结果由于刘秀的赴援，通过里应外合，解围昆阳，并趁势席卷长安，推翻王莽新朝。

【4】 刘秀和绿林军队推翻王莽新朝后，他的哥哥刘縯被更始帝刘玄无辜杀害。刘秀强忍悲痛，主动谢罪更始帝，保住了生命和地位。刘秀的这种做法，彰显了他韬光养晦、隐忍负重的品质和策略。

【5】 公元23年，刘秀的势力逐渐壮大，于是在部下的支持下，与更始帝刘玄公开决裂。公元25年，刘秀已经“跨州据土，带甲百万”，在众将的拥戴下，在河北鄗城千秋亭即皇帝位，建元建武。因刘秀仍然使用“汉”的国号，史称东汉，刘秀就是汉世祖光武皇帝。

【6】 刘秀登基称帝后，迅速起兵平定天下。他先击灭赤眉，扫平关东，再进四川。公元36年，刘秀用了十二年的时间，终于扫除群雄，使得新莽末年以来四分五裂、战祸连年的古老中国再一次归于一统。

【7】 刘秀曾处社会底层，了解百姓疾苦。他勤于政事，柔道治国，轻徭薄赋，发展生产，以“圣德灵威驾天下，龙兴凤举图生旺”，终于使国家逐渐兴旺、昌盛，史称“光武中兴”。

【8】 刘秀在位期间，以优待功臣贵戚为名，赐以爵位田宅、高官厚禄，而摘除其军政大权。同时，鉴于西汉的历史教训，刘秀虽设三公之位，而把一切行政大权归之于设在中朝由皇帝直接指挥的尚书台，防止奸佞专权。

【9】 公元30年，刘秀下诏，命令下级政府简化机构，裁减冗员，减少支出，提高办事效率；同时废除西汉时的地方兵制，撤销内地各郡的地方兵，地方防务改由招募而来的职业军队担任。

【10】 刘秀在位以后，注意整顿吏治，躬行节俭，奖励廉

洁，选拔贤能以为地方官吏；并对地方官吏严格要求，赏罚从严。经过整顿，消除了西汉后期的积弊，使官场风气为之一变。

【11】 自西汉后期以来，农民沦为奴婢、刑徒者日益增多，成为西汉末年阶级矛盾日益尖锐化中的一个重要问题。刘秀在重建封建政权中，采取有效措施，释放奴婢、刑徒；同时轻徭薄赋，让人民得到休养生息。

【12】 刘秀在释放奴婢刑徒、减轻人民负担的同时，崇偃武修文，不尚边功。在文化上，重用文人贤士，重视图书文化建设和皇家藏书的收藏。数十年间，朝廷各藏书阁，旧典新籍，汗牛充栋。其藏书规模和数量超过了西汉。

【13】 东汉政权初期，地主豪强势力强大，土地兼并严重，既威胁皇权，又影响百姓生活。为了加强对全国垦地和劳动人手的控制，平均赋税徭役负担，实施度田政策，进行土地丈量和户口核实。但遭到了地主豪强的顽强抵抗，刘秀采用扶压相济的手段，平息动乱，实现度田目标。

【14】 公元 57 年，汉光武刘秀逝世，享年 62 岁。他在遗诏中说："我无益于百姓，后事都照孝文皇帝制度，务必俭省。"刘秀一生勤政，一世节俭，在中国历史上留下深刻的影响。

【15】 刘秀统一中国后，柔道治国，厌武事，不言军旅。同时，由于出身平民、生活贫苦、勤于农事的经历，使他在治国时，能经常想到人民的利益和百姓的苦难，亲民理业，发展生产，终使国家出现了良好的发展势头。

【16】 总起来看，汉光武刘秀是中国封建时代一个有作为

的皇帝，杰出的政治家和军事家，他的统治对中国历史的发展起了积极的作用。国学大师南怀瑾说：“在中国两千左右的历史上，比较值得称道，能够做到齐家治国的榜样，大概算来，只有东汉中兴之主的光武帝刘秀一人。”此评价是公正的。

附录

刘秀名句

帝（刘秀）谓合曰：“将军前在南阳，建此大策，常以为落落难合，有志者事竟成也。”——《后汉书·耿弇传》

滹沱河

宋·文天祥

过了长江与大河，
横流数仞绝滹沱。
萧王麦饭曾仓卒，
回首中天感慨多。

张衡（78—139），字平子。南阳西鄂（今河南南阳市石桥镇）人，南阳五圣之一，与司马相如、扬雄、班固并称汉赋四大家。中国东汉时期伟大的天文学家、数学家、发明家、地理学家、文学家，在东汉历任郎中、太史令、侍中、河间相等职。晚年因病入朝任尚书，于永和四年（139 年）逝世，享年六十二岁。北宋时被追封为西鄂伯。

张衡在天文学方面著有《灵宪》《浑仪图注》等，数学著作有《算罔论》，文学作品以《二京赋》《归田赋》等为代表。《隋书·经籍志》有《张衡集》14 卷，久佚。明人张溥编有《张河间集》，收入《汉魏六朝百三家集》。

罕见全才数张衡

[1]
纵阅世界人中人，罕见全才数张衡。

[2]
生于南阳石桥镇，自小聪慧好学问。

[3]
厚习天地书三章，自然社会与经纶。

[4]
融会百家在践行，贯通六艺于一身。

[5]
地动浑天自动历，指南鼓车木雕真。

[6]
机械运作造型美，装置传动天然成。

[7]
灵宪名著闪唯物，宇宙万物非灵神。

[8]
元图佳篇近科学，黄赤两道见解深。

[9]
算罔新作计球体，圆周率值理论生。

[10]
二京思玄归田赋，司马雄固相平等。

[11]
山林流水动物画，蔡邕歧褒互呼称。

[12]
司史从实不唯人，上书十事求更正。

[13]
致政法严纲纪张，入仕清廉权贵憎。

[14]
张衡山星世界命，平子伯号中华封。

[15]
历史伟人日月辉，科学巨匠天地存。

注释

张衡，中国东汉时期伟大的天文学家、数学家、发明家、地理学家、文学家。全诗共十五联，记述了张衡的聪慧、博学、发明、著述、理政等事迹，歌颂了他融会百家、贯通六艺的卓越才智和在天文、数学、发明、地理、文学等多个领域做出的伟大贡献。

【1】 在中华民族乃至世界其他国家五千年的历史中，英雄辈出，豪杰丛生，其中，张衡在天文、数学、发明、地理、文学等多个领域均做出了独特的创造和卓越的贡献。张衡是人中之杰，罕见的奇才、天才、全才，值得中国人引以为豪、引之为荣。

【2】 张衡，南阳市桥镇人，自小刻苦好学，少年时便会做文章。据历史记载，张衡家族世代为当地的大姓，他的祖父张堪，自小志高力行，被人称为圣童。由此可见，张衡超人的天赋来自祖辈良好的遗传基因。

【3】 张衡十六岁以后曾离开家乡到外地游学。他到学术文化中心三辅，在东汉都城洛阳，进过当时最高学府太学，结识了著名学者崔瑗，与他结为挚友。张衡学习的方向是天、地、书三章，掌握了自然、社会与经纶等方面的多种知识。

【4】 张衡兴趣广泛，自学《五经》，贯通六艺，而且还喜欢研究算学、天文、地理和机械制造等。但在青年时期，他的

志趣大半在诗歌、辞赋、散文上，尽管他才高于世，却没有骄傲之情。

【5】 在中国发明史上，张衡占有突出的位置，他发明了地动仪、浑天仪、自动日历瑞轮蓂，还有指南车、计里鼓车、独飞木雕；另外他在研究地理学时，绘了一幅堪称艺术品的《地形图》。张衡的任何一项发明，在当时都是非常领先的。

【6】 张衡的每一样发明，机械运作、装置转动非常科学，造型优美，浑然天成。张衡创造的计里鼓车是用以计算里程的机械。计里鼓车与指南车制造方法相同，所利用的差速齿轮原理，早于西方 1 800 多年。令人叹为观止。

【7】 张衡在天文学研究方面，成就尤其突出。其中，《灵宪》是张衡有关天文学的一篇代表作，全面体现了张衡在天文学上的成就和发展。张衡认为，宇宙是无限的，天体的运行是有规律的，不是灵神的创造安排。他的这些观点闪烁着唯物主义的思想。

【8】 张衡所著的《元图》和《灵宪》一样，反映了他的哲学宇宙观。这两部著作在当时，均达到了很高的认识水平。公元 117 年，张衡写的《浑天仪图注》，生动地阐述了一幅宇宙图景，打破了传统的“天圆地方”的错误观点。尤为可贵的是：张衡已精确地了解黄道和赤道的关系，讨论了由黄道度数求赤道度数改正值。这种见解已为现代天文学研究成果所证明。

【9】 张衡曾写过一部《算罔论》，他研究过球的外切立方体积和内接立方体积，研究过球的体积，其中还定圆周率为 10 的开方。这个值比较粗糙，却是中国第一个理论求得 π 的值。

【10】 张衡在文学发展上，特别在汉赋方面有独到的贡献，张衡赋的代表作是《二京赋》《思玄赋》和《归田赋》。在当时，与著名的辞赋家司马相如、杨雄、班固齐名。

【11】 张衡兴趣丰富，爱好广泛，还擅长绘画，尤工山水、动物，与当时著名的画家赵歧、刘褒、蔡邕合称东汉四大画家。除此以外，他对音乐舞蹈也有精深的研究，曾写过《观舞赋》一文。

【12】 张衡治史从实不唯人。他对司马迁、班固所记与典籍不合的地方整理出来，共有十多处，并数次上书，要求改正。虽然没有得到采纳，但充分体现了张衡实事求是的治学态度和不畏名人的治学精神。

【13】 公元 136 年，张衡被外调担任河间王刘政的国相。张衡到任后，严整法纪，打击豪强，暗中探得奸党名姓，一时收捕，上下肃然，享有为政清廉的名声。但是张衡的入仕清廉，也遭到了权贵的憎恨。他曾作《思玄赋》，以表达和寄托自己的情志。

【14】 公元 139 年，张衡逝世，享年 62 岁。张衡逝世后，后人以各种形式纪念他，称他为“科圣”。联合国天文组织于 1970 年将月球半面的一个环形山命名为“张衡环形山”，又于 1977 年，将一颗小行星命名为“张衡星”。中国的宋代，曾追封张衡为西鄂伯。

【15】 考察张衡的一生，可以毫不夸张地说，他是集诸“家”于一身的一位伟大的奇才、天才、全才人物。这正如郭沫若对张衡所作的评价：“如此全面发展人物，在世界史中亦所罕见。万祀千龄，令人敬仰。”

归田赋

东汉·张衡

游都邑以永久，无明略以佐时。徒临川以羡鱼，俟河清乎未期。感蔡子之慷慨，从唐生以决疑。谅天道之微昧，追渔父以同嬉。超埃尘以遐逝，与世事乎长辞。

于是仲春令月，时和气清；原隰郁茂，百草滋荣。王雎鼓翼，仓庚哀鸣；交颈颉颃，关关嘤嘤。于焉逍遥，聊以娱情。

尔乃龙吟方泽，虎啸山丘。仰飞纤缴，俯钓长流。触矢而毙，贪饵吞钩。落云间之逸禽，悬渊沉之鲨鰡。

于时曜灵俄景，继以望舒。极般游之至乐，虽日夕而忘劬。感老氏之遗诫，将回驾乎蓬庐。弹五弦之妙指，咏周、孔之图书。挥翰墨以奋藻，陈三皇之轨模。苟纵心于物外，安知荣辱之所如。

第四篇

三国两晋南北朝

◎诸葛亮——旷世全才生孔明

◎曹操——曹操一代大英雄

◎王羲之——唯独羲之入化境

◎陶渊明——田园诗坛第一人

◎祖冲之——中华数杰祖冲之

诸葛亮

诸葛亮（181—234），字孔明，号卧龙（也作伏龙），徐州琅琊阳都（今山东临沂市沂南县）人。三国时期蜀汉丞相，杰出的政治家、军事家、散文家、音乐家、书法家、发明家。在世时被封为武乡侯，死后追谥忠武侯，东晋政权因其军事才能特追封他为武兴王。其散文代表作有《出师表》《诫子书》等。曾发明木牛流马、孔明灯等，并改造连弩，叫做诸葛连弩，可一弩十矢俱发。

诸葛亮一生“鞠躬尽瘁，死而后已”，是中国传统文化中忠臣与智者的代表人物。

旷世全才生孔明

[1]
华夏人杰地又灵，旷世全才生孔明。
[2]
隆中畅论图霸业，草庐描述汉室兴。
[3]
荆益跨有立基根，联孙抗曹天下定。
[4]
整顿朝纲治国家，选举贤能安百姓。
[5]
严刑峻法勿贵贱，奖惩赏罚无疏亲。
[6]
率将带兵多谋略，布陈督战善经营。
[7]
八阵图演奥无穷，兵法著述秘在行。
[8]
巧思运具木牛马，器械连弩箭创新。
[9]
精研解暑行军散，地雷布阵重药性。
[10]
书法工妙三种体，篆隶八分刻大鼎。
[11]
画作宏伟富神奇，构思想象不拘谨。
[12]
深谙音律作琴经，长于声乐喜操琴。
[13]
填词谱曲制乐器，至今犹存卧龙吟。
[14]
文学名篇情意真，两表一书入学经。

[15]
家产申报先行者，廉洁自律高人品。

[16]
鞠躬尽瘁侍两朝，死而后已谢万民。

[17]
修身齐家达极致，治国理业登绝境。

[18]
诸葛智慧千世芬，武侯人格万代馨。

注释

诸葛亮，东汉三国时期杰出的政治家、军事家、散文家、音乐家、书法家、发明家。全诗共十八联，记述了诸葛亮出山以后，辅助刘备父子、建立蜀汉政权、治理国家的主要经历和杰出事迹，歌颂了他"鞠躬尽瘁，死而后已"的崇高精神和在政治、军事、文学、书法、音乐、发明等众多领域作出的伟大贡献。

【1】 在中国历史上，人才辈出，俊杰济济，其中三国时期诸葛亮无疑是最杰出的人才之一。他是奇才、天才、全才，长期以来一直受到人们的敬仰和崇拜。

【2】 公元207年，刘备三顾草庐，请计于诸葛亮。诸葛亮精辟地分析了天下的形势，提出统一天下、建立霸业、复兴汉室，应走鼎足三分、联孙抗曹的道路，这就是著名的《隆中对》，也是诸葛亮一生行动的政治纲领。

【3】 刘备听了诸葛亮建立霸业、复兴汉室的陈述，联合东吴孙权，在赤壁大败曹操，然后占领荆州，进兵益州，攻下汉

中，终于在诸葛亮的帮助下建立了蜀汉政权。公元前 220 年，曹丕称帝建魏，221 年刘备在蜀地称帝，222 年孙权在吴地称帝，这样就形成了三国鼎立的格局。

【4】 诸葛亮作为蜀汉的丞相，整顿朝纲、选贤荐能、安抚百姓、遵守礼制、约束官员、慎用权力，对人开诚布公、胸怀坦诚。他处理事务简练实际，能从根本上解决问题，不图虚名，不贪虚荣。这样使蜀汉逐渐稳定和强盛起来。

【5】 诸葛亮在治理蜀汉的过程中，实行严刑峻法，无论是朝廷大臣还是平民百姓，只要触犯国家法律、法规，都要加以严惩；重视奖惩赏罚，不管是自己的仇人还是亲信家人，只要有功，都要给予奖励，如果犯错，都要进行处罚。

【6】 诸葛亮作为军事家，被后代兵家推崇。魏将司马懿在诸葛亮死后，看到诸葛亮的营垒，称其为天下“奇才”。唐朝时也将诸葛亮评选为武庙十哲之一，与张良、韩信、白起等九位历代兵家享同等地位。

【7】 唐太宗与李靖在《唐太宗李卫公问对》中多次提到诸葛亮的治军之法与八阵图，给予了极高的评价，批评陈寿《三国志》叙史失实。诸葛亮的一生建树颇多，生前有诸多军事著述，如《南征》《北伐》《北出》等，对中国军事思想的研究有一定贡献。

【8】 诸葛亮在中国技术发明史上，留有重要的一页。他根据战争的实际需要，结合自己的实践认识，发明了运输工具木牛流马、军事工具诸葛连弩，还有孔明灯、孔明锁等，充分表现了其巧妙的构思和独创的风格。

【9】 诸葛亮率军南征，南方天气炎热，兵士纷纷中暑晕

倒。于是诸葛亮发明了行军散，巧妙地解决了兵士中暑的问题，保证了军队的战斗力。诸葛亮在行军布阵中，重视地雷的设计和运用，大大提高了部队的攻击和防御能力，提高了战胜敌人的“概率”。

【10】 诸葛亮所处的时代，正是中国书法艺术趋向成熟的时代。诸葛亮喜爱书法，在青少年时代就进行过刻苦的训练，特别擅长篆书、八分、草书三体。刘备尝作三鼎，均由诸葛亮用篆隶八分书写，极其工妙，深得后代书界好评。据宋史记载，在北宋时皇宫内还藏有诸葛亮的书法作品，可惜在汴梁陷落的过程中佚失。

【11】 诸葛亮父子“皆长于画”，在三国时期的画坛上就有较高的影响。据历史传说，诸葛亮的画作在唐代已是“国家重宝”，他的画作既取材于现实生活，又有神奇而丰富的想象，而且构图宏伟，场面博大。从历史记载和传说考察，诸葛亮确实具有非凡的绘画才能，在中国美术史上占有一定的地位。

【12】 诸葛亮精通音律，喜欢操琴吟唱，据有关记载：“襄阳有孔明古宅……宅西面山临水，孔明常登之，鼓瑟为《梁父吟》，因名此山为乐山。”说明诸葛亮是当时有名的声学家。不仅如此，他还写了一部音乐理论专著——《琴经》。

【13】 诸葛亮在音乐方面有着很全面的修养和很高的艺术成就，他善于填词谱曲，而且还会制作乐器——七弦琴和石琴。至今还有《卧龙吟》，可谓千古绝唱。

【14】 诸葛亮对文学深有研究，尤其精于散文。他的《前出师表》和《后出师表》以及《诫子书》都是中国文学史上散文名篇。这些作品情感真挚，文笔酣畅，今天已经进入中学的

语文课本。

【15】 诸葛亮二十七岁走出隆中，五十四岁病逝，一生廉洁，忠于国家，事事处处都为他人做出榜样。特别难能可贵的是，他在一次上表中比较详细地向后主刘禅汇报了自己的生活和家产。从中国历史上看，诸葛亮无疑是作为朝廷大臣“财产申报的先行者”。

【16】 诸葛亮以“鞠躬尽瘁，死而后已”的精神，辅助两朝，效忠蜀汉到生命的最后一息，不折不扣地实践了自己的诺言。今天，“鞠躬尽瘁，死而后已”这句话已经成为历史名言，成为一切有志者激励和衡量自己的重要标杆。

【17】 诸葛亮一生，不仅严格要求自己，不断提高自身修养，而且严格培育后代，教养子女，临终前曾以《诫子书》告诫儿子，要求他修身立志，做一个品德高尚的人。

诸葛亮一生，担任丞相，治理国家，能够虚心纳谏，善于自我批评，承担责任，深受朝廷大臣和部下人员的敬重和爱戴。在当时的蜀汉，由于诸葛亮的正身，使一般官吏不敢公然贪污，违法乱纪。

【18】 诸葛亮品德高尚，恪守诺言，扶弱抑强，忠于职守，是中国传统文化忠臣与智者的代表，是中华民族高尚、智慧、勤劳、勇敢的楷模。因此，他赢得了世世代代人们的敬仰，成为家喻户晓的历史人物。

曹操（155—220），字孟德，一名吉利，小字阿瞒，沛国谯县（今安徽亳州）人。东汉末年杰出的政治家、军事家、文学家、书法家，三国中曹魏政权的奠基人。以汉天子的名义征讨四方，对内消灭二袁、吕布、刘表、马超、韩遂等割据势力，对外降服南匈奴、乌桓、鲜卑等，统一了中国北方，并实行一系列政策恢复经济生产和社会秩序，奠定了曹魏立国的基础。

曹操在世时，担任东汉丞相，后为魏王，去世后谥号为武王。其子曹丕称帝后，追尊为武皇帝，庙号太祖。

曹操一代大英雄

[1]
辟开戏说迷雾丛，　曹操一代大英雄。

[2]
军政双拥兵法精，　书文兼长变革崇。

[3]
年少机敏喜任性，　博览群书爱武功。

[4]
曾任京衙明禁令，　棒杀权贵震汉官。

[5]
陈留起兵聚诸侯，　洛阳联军讨逆董。

[6]
官渡一役克袁绍，　中原逐鹿北方统。

[7]
远征乌桓破三郡，　阵斩塌顿和边戎。

[8]
赤壁鏖战三国分，　天下鼎立魏强勇。

[9]
若论魏业以何兴，　源自孟德才出众。

[10]
凭时运筹天下明，　借势演谋计藏胸。

[11]
整饬法纪抑豪杰，　揽举文武唯才用。

[12]
屯田修利足军粮，　治军御将赏罚公。

[13]
赴匈千里迎才女，　胡笳十八文姬诵。

[14]
司马江山归一并，　根坚业厚魏武贡。

注释

曹操，东汉末年三国杰出的政治家、军事家、文学家、书法家，三国中曹魏政权的奠基人。全诗共十四联，记述了曹操的博识、修养和横扫诸侯、统一中国北方及远征乌桓、平息边事的杰出事迹，歌颂了他在政治、军事、文学等领域作出的伟大贡献。

【1】 在历代的小说、戏剧以及其他的文艺作品中，曹操一直是奸邪、阴险、残酷、毒辣的奸雄，拨开“艺术迷雾”，其实他是一个具有远见卓识和雄才大略的杰出政治家、战略家和军事家。

【2】 曹操精通兵法，能诗会歌，常以此抒发自己的政治抱负，反映人民的生活苦难，同时精于散文，善于书法，在当时享有很高的声誉。在他的引领下，开启并繁荣了建安文学，史称建安风骨，给后人留下了宝贵的精神财富。

【3】 曹操出生在官宦世家，年轻时机智警敏，具有随机权变的能力，而且任性好侠，不修品行。后来，开始博览群书，习练武艺，研读兵法。据历史记载，曹操有注释《孙子兵法》的著作传世。这些活动为他的军事生涯打下了厚实的基础。

【4】 公元 174 年，二十岁的曹操被举为孝廉，入京都洛阳为郎。不久被任命为北部尉。曹操一到职，就申明禁令、严肃法纪，造五色大棒十余根，悬于衙门左右。皇帝宠宦的子弟违禁夜行，曹操毫不留情，用五色棒将其处死。于是，京城治安变好，无敢犯者。

【5】 公元 189 年，董卓入京，执掌朝政，废除汉少帝，改

立汉献帝，自称太师，横行朝中。曹操见之，逃出京师，在陈留起兵，号召天下英雄讨伐董卓。公元190年，曹操与袁绍等人成立联军，赴洛阳讨伐董卓，结果，因意见不合，联军解散。

【6】 当时的中国北方，有两股强大的势力，一是袁绍，二是曹操。为了争夺天下，曹操在官渡与袁绍作战。在官渡之战中，曹操善于听从部下意见，巧用计谋，以少胜多，消灭袁绍。于是，曹操趁势发动攻势，一举消灭其他的割据势力，统一了中国北方。

【7】 公元207年，曹操为了肃清袁氏残余势力，也为了彻底解决三郡乌桓入塞为害问题，率军远征乌桓。在远征乌桓的过程中，曹操指挥有方，抓住有利时机进攻，阵斩敌主塌顿，大获全胜，彻底肃清了袁氏残余势力，解决了边戎问题。

【8】 公元208年，曹操基本平定北方后，挥军南下，在赤壁与孙权、刘备相遇。在“北强南弱”的情况下，刘备和孙权结成联盟，成立联军，用火攻的办法，以少胜多，大败曹军，取得了赤壁之战的胜利。赤壁之战以后，天下三分，形成鼎立格局。在魏、蜀、吴三国中，魏国势力最强。

【9】 曹操从陈留起兵，驾驭群英，统率雄师，纵横天下，扫灭割据，统一北方，同时采取了一系列相配套的措施，安抚民心，发展经济，为曹魏政权的生存奠定了比较雄厚的基础。因此在三国中，曹魏实力最强，究其原因源于曹操的超人智慧和卓越才能。

【10】 曹操明天下之势，知天下之情，能正确把握社会发展的脉搏，根据天下人民的需要，制定适宜的方针和策略，运用有效、妥善的措施和方法，实现预期的目标。

【11】 曹操具有高明的政治手段，善于治理国家，能在当时社会十分混乱的情况下，整饬法纪，抑制豪强，稳定地方政权。同时他能做到思贤若渴，唯才是举，并能按照人才的特点和才能，把他们放在适宜的位置。因此在魏、蜀、吴三国中，魏国无论是文人还是武将，其数量均远远超过其他两国。

【12】 曹操在采取军事行动、带兵驭将、消灭地方割据的过程中，治军严整，法令严明，赏罚公平。同时在北方进行屯田，兴修水利，改进生产工具，恢复农业生产。这样既解决了军粮问题，又促进了社会经济发展。

【13】 曹操重视文化建设。在统一北方的战争中，他非常注意对图书的保护和收藏工作，还设置了掌管典籍的官吏。据历史记载，曹操曾派人“千里赴匈”，迎归蔡邕之女蔡文姬，让她整理书籍、保护民族文化。蔡文姬是东汉末年的才女，具有丰富的文学底蕴，《胡笳十八拍》是她的代表作品。

【14】 曹操是中华民族历史上杰出的政治家、军事家、文学家。他以高超的智慧，杰出的才华，扫灭群雄，统一北方，建成霸业，成为三国中最强的一雄。这样，就为其子曹丕登基称帝、司马一统天下奠定了雄厚的基础。

短歌行

东汉 · 曹操

对酒当歌，人生几何？譬如朝露，去日苦多。

慨当以慷，忧思难忘。何以解忧，唯有杜康。
青青子衿，悠悠我心。但为君故，沉吟至今。
呦呦鹿鸣，食野之苹。我有嘉宾，鼓瑟吹笙。
明明如月，何时可掇。忧从中来，不可断绝。
越陌度阡，枉用相存。契阔谈宴，心念旧恩。
月明星稀，乌鹊南飞。绕树三匝，何枝可依？
山不厌高，海不厌深。周公吐哺，天下归心。

观沧海

东汉·曹操

东临碣石，以观沧海。
水何澹澹，山岛竦峙。
树木丛生，百草丰茂。
秋风萧瑟，洪波涌起。
日月之行，若出其中；
星汉灿烂，若出其里。
幸甚至哉，歌以咏志。

王羲之

王羲之（321—379），字逸少，东晋时期著名书法家，有“书圣”之称。琅琊（今属山东临沂）人，后迁会稽山阴（今浙江绍兴），晚年隐居剡县金庭。历任秘书郎、宁远将军、江州刺史，后为会稽内史，领右将军。

其书法兼善隶、草、楷、行各体，精研体势，心摹手追，广采众长，备精诸体，冶于一炉，摆脱了汉魏笔风，自成一家，影响深远。风格平和自然，笔势委婉含蓄，遒美健秀。代表作《兰亭序》被誉为“天下第一行书”。在书法史上，他与其子王献之被合称为“二王”。

唯独羲之入化境

[1]
书家如海碑似林，唯独羲之入化境。
[2]
世族启蒙受父叔，时代成名己力行。
[3]
转学多师勿泥古，博采众长不拘谨。
[4]
探源明理悟于心，自成一家善出新。
[5]
一生兼善百家体，行书第一服群英。
[6]
下笔惊鸿云蔽月，挥毫游龙风卷岭。
[7]
奉帝祭祀写祝词，入木三分墨未尽。
[8]
竹扇题字轶事深，书成换鹅典故精。
[9]
春联巧补乡邻赞，东床快婿朝臣聘。
[10]
王公笔帖名天下，右军字迹冠古今。
[11]
书圣赞誉欧阳询，朕言美称李世民。
[12]
兰亭序本后人临，但愿学成吊金庭。

注释

王羲之，东晋时期著名书法家，有“书圣”之称。全诗共十二联，记述了王羲之的出身和研学书法、成为名家的过程，歌颂了他善于学习、刻苦钻研的崇高精神和为中国书法文化作出的伟大贡献。

【1】 中国书法文化源于商周，成于秦代，秦朝宰相李斯和小吏韩邈是中华民族书家的开山祖，李斯的小篆和韩邈的隶书是秦汉两朝的通行书体。中国书法到东晋时期，已经“家如海碑似林”，但是真正能登堂入室、进入化境的是王羲之。

【2】 王羲之自幼练习书法，由父王旷、叔父王廙启蒙，受到王氏世族深厚的书学熏陶，但王羲之学习书法能够有独到的创新和发展，最后成为举世无双的书法大家，是他不断实践、不断研究的结果。

【3】 王羲之早年从卫夫人学书。卫夫人给王羲之传授钟繇之法、卫氏数世习书之法以及她自己酿育的书风与法门。不久，王羲之从卫夫人的书学中脱离出来，置身于新的历史层面。王羲之学习书法的最大特点是转学多师，但绝不泥古；博采众长，但绝不拘谨。

【4】 王羲之志存高远，富于创造。他学习任何名家，都能探源明理，融会贯通，运用自己的心手，使古人为其服务。他将平生从博览所得的各种不同的笔法，悉数融入真行草体之中，最后推陈出新，开辟新的天地。

【5】 王羲之兼善隶、草、楷、行各体，精研体势，心摹手

追，广采众长，自成一家，摆脱了汉魏笔风。王羲之尤其擅长行体，其《兰亭集序》被誉为“天下第一行书”。

【6】 王羲之书法平和自然，笔法委婉含蓄，遒美健秀，世人常用曹植的《洛神赋》中“翩若惊鸿，婉若游龙，荣曜秋菊，华茂春松。仿佛兮若轻云之蔽月，飘飖兮若流风之回雪”一句来赞美王羲之的书法之美，借以说明王羲之书法达到了“惊鸿”“游龙”的境界。

【7】 传说东晋皇帝当时要到北郊去祭祀，让王羲之把祝词写在一块木板上，再派工人雕刻。雕刻者发现王羲之的书法墨迹已印入木板，惊叹王羲之的笔力雄劲，已经入木三分。

【8】 在东晋时，王羲之的书法已经名震天下，独步书界，有许多轶事典故。其中有一个轶事是“竹扇题字”，说是由于王羲之的题字，使老婆婆的竹扇一卖而空；另一个典故是“书成换鹅”，说是因为王羲之愿意给道士抄经，道士便把鹅送给了他。

【9】 除以上轶事典故外，还有“巧补春联”，是说王羲之为了防止别人偷他书写的春联，于是先写“福无双至，祸不单行”八个字，后来在下面补上“今朝至，昨夜行”六个字的故事。另外还有“袒腹东床”，是说王羲之被当朝王丞相选为女婿的故事。

【10】 王羲之的真迹在当时是不少的，但由于其在书法史上的特殊地位，早已不存于世。后来出现的都是别人的摹本，但是人们还是极其喜欢。所以说王羲之的书法真正达到了“王公笔帖名天下，右军字迹冠古今”的程度。

【11】 历代书家对王羲之的书法赞誉有加，如唐朝书法大

家欧阳询、房玄龄、李淳风、褚遂良等，而且他们还撰写了有关王羲之书法的专著。唐太宗更是对王羲之书法喜爱入迷，留有“心慕手追，此人而已”的评说。

【12】 王羲之是中华天空升起的一颗璀璨巨星。他的盖世才华和鬼斧神工般的书艺，倾倒了一代又一代的炎黄子孙。《兰亭序》本更是人们临摹的“真经”。但愿每个人学成之后，不妨去“金庭”（王羲之卒于会稽金庭，葬于金庭瀑布山）祭拜王羲之在天之灵。

附录

兰亭诗

东晋 · 王羲之

三春启群品，寄畅在所因。
仰望碧天际，俯磐渌水滨。
寥朗无涯观，寓目理自陈。
大矣造化工，万殊莫不均。
群籁虽参差，适我无非新。

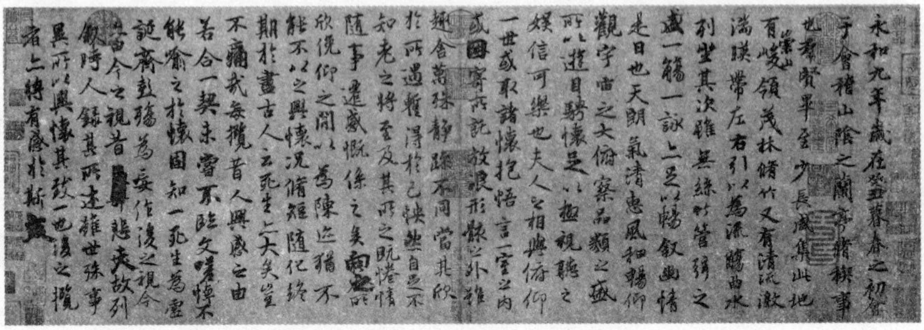

王羲之《兰亭集序》书法欣赏

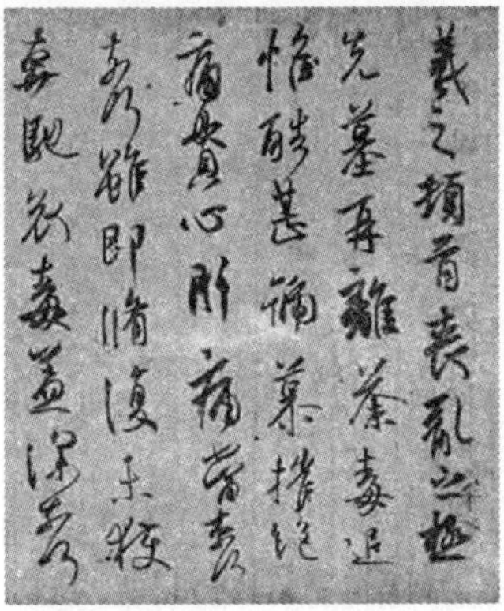

王羲之《丧乱帖》书法欣赏

陶渊明

陶渊明（365—427），字元亮，又名潜，私谥“靖节”，世称靖节先生。浔阳柴桑人。东晋末至南朝宋初期伟大的诗人、辞赋家。

曾任江州祭酒、建威参军、镇军参军、彭泽县令等职，最末一次出仕为彭泽县令，八十多天便弃职而去，从此归隐田园。他是中国第一位田园诗人，被称为“古今隐逸诗人之宗”，著有《陶渊明集》。

田园诗坛第一人

[1]
诗坛人逸隐，东晋陶渊明。
[2]
弱年逝父母，兄妹熬家贫。
[3]
修览孔孟学，兼有老庄襟。
[4]
崇尚刑天舞，济世猛志行。
[5]
又无适俗韵，本爱山水情。
[6]
谋生宦途游，致仕避饥馑。
[7]
欲展平生志，却倦官场景。
[8]
不为五斗米，挂印归山林。
[9]
擅长诗文赋，才溢傲群英。
[10]
田园入诗歌，诗坛天地新。
[11]
生活进文赋，文界面貌颖。
[12]
语有纯朴味，言无斧凿形。
[13]
颂唱自然美，咏吟恬静境。
[14]
厌污意气深，恶浊独清醒。

[15]
慷咏荆轲神，豪读山海经。
[16]
寄志桃花源，心系世生灵。
[17]
杜甫喻诗酒，东坡赞语精。
[18]
田园诗鼻祖，陶潜高人品。

注释

陶渊明，东晋末至南朝宋初伟大的诗人、辞赋家，中国第一位田园诗人。全诗共十八联，记述了陶渊明的出身、修学、志向、爱好和主要的人生经历，歌颂了他洁身自好、不与世俗同流合污的高贵品质和为中国文学尤其是山水田园诗创作做出的伟大贡献。

【1】 中华诗学源远流长，英才辈出。东晋陶渊明无疑是中华诗坛上的一颗耀眼的明星，是田园诗的先行者和创始人。陶渊明厌恶社会黑暗、仕途险恶，不愿与官场权贵同流合污，最后辞官离职，归隐田园，被后人称为“古今隐逸诗人之宗”。

【2】 陶渊明祖父做过太守，父亲是个“寄迹风云，寘兹愠喜”的人。陶渊明八岁时，父亲去世，家境逐渐没落，十二岁时母亲去世，家境更加贫困。陶渊明只能与他的妹妹相依为命，艰难度日。

【3】 陶渊明自幼修习儒家经典，学习孔孟之道，六经底蕴丰厚。同时，在那个老庄盛行的时代，陶渊明也受到道家思想

的熏陶，喜爱自然，又爱琴书，结交朋友，志向远大。因此，在陶渊明的身上，同时具有儒家和道家的两种修养。

【4】 陶渊明由于早年受过儒家教育，因此少有大志，很想长大了做一番轰轰烈烈的大事。他曾经写过这样的诗句："刑天舞干戚，猛志固常在。"充分表达了他的伟大志向。很长一段时间，这句话是陶渊明的人生座右铭。

【5】 陶渊明又由于早年受道家思想的影响，很有老子、庄子的胸襟，他很早就喜爱自然，喜爱生活。他曾经写过这样的诗句："少无适俗韵，性本爱丘山。"充分表达了他道家的思想和对自然、生活的热爱。这句话成为陶渊明一生的追求。

【6】 陶渊明由于家庭贫困、生活艰难，二十岁时便开始了他的游宦生涯，以谋生路。二十九岁时出任州祭酒，不久辞职，后来又再度入仕，曾任将军刘裕参军。陶渊明的入仕为官，主要是为了谋生问题，避免饥馑。

【7】 陶渊明既想入仕为官，一展宏图，可他在出仕后却仍然眷念田园，向往自然。因此，他此时的心情是十分矛盾的。陶渊明曾经写过这样的诗句："晨夕看山川，事事悉如昔。""田园日梦想，安得久离析。"动荡于仕与耕之间的他，厌倦、看透了官宦生活。

【8】 公元405年，陶渊明最后一次出仕，为彭泽令。十一月，他妹妹去世，陶渊明作《归去来兮辞》，解印辞归，正式开始了他的归隐生活。他这时的归隐意向是明确的，态度是坚决的，从此，他的生活更接近于一般农民，表现了他"不为五斗米折腰"的志气和不与官场权贵同流合污的精神。

【9】 陶渊明在文学方面，擅长诗文辞赋。他的诗都是描绘

自然景色及其在农村生活的情景——田园诗，而他的田园生活就是他创作诗歌的主要题材，其中的优秀作品寄寓着对官场世俗生活的厌倦，表露出其洁身自好、不愿奉迎的志趣。陶渊明在当时的诗坛上，影响巨大，独具一格。

【10】 陶渊明的诗歌创作，田园诗数量最多，成就最高。他的田园诗以淳朴自然的语言、高远拔俗的意境，为中国诗坛开辟了新的天地，并直接影响到唐代田园诗派。

【11】 陶渊明在文学史上的地位和影响，还有赖于他的散文和辞赋。他的散文和辞赋，实不下于他的诗歌。在散文辞赋中，最受人喜爱的是《桃花源记》，现在已经选入初中的语文课本。虽然桃花源只是一个空想，是诗人的美好寄托，但是在当时能够有这种空想和美好寄托，实在是十分可贵的。

【12】 陶渊明的诗文、辞赋，风格独特，主要表现在语言方面。他的作品语言纯朴平淡，但这纯朴平淡能把深厚的感情和丰富的思想用朴素平易的语言表达出来，表意清晰，内涵丰富，又富有情致和趣味。他的语言纯朴平淡，全无斧凿之痕，却有浓厚的艺术韵味，如“采菊东篱下，悠然见南山”等诗句，便是例证。

【13】 陶渊明的诗文创作，具有田园诗人的特征和风格。一是“颂唱自然美”，二是“咏吟恬静境”。他特别善于以白描及写意手法勾勒景物、点染环境，意境浑融高远又富含哲理情趣，朴素真率，笔调疏淡，风韵深厚。

【14】 陶渊明的许多诗文，能把生活中常见的景物人格化，如青松、芳菊、归鸟、孤云等，表现了诗人高洁的性格，反映了他厌倦世俗社会、崇尚自然生活的志向，体现了他对社会的

清醒认识和清高自赏的个性。

【15】 陶渊明在诗文创作中，并非只有飘逸悠然、自然恬淡的一种风格，也有金刚怒目的慷慨豪放，如《咏荆轲》《读山海经》等作品。“荆轲”“精卫”就是陶渊明心中的理想和精神的偶像。因此，我们在阅读陶渊明的诗文时，不仅要了解他的山水情和自然美，还要注意他的金刚勇和怒目斗。

【16】 陶渊明在辞离官场、归隐山林之初，他想的还只是个人，他思考的还仅仅是进退清浊。但是，当他写《桃花源记》的时候，已经冲破了个人的藩篱，而是想到了整个社会的出路和广大人民的幸福。他的这种写作思想和表达情怀是他创作中的一个飞跃，是他人生中的一次顿悟。

【17】 陶渊明的文学创作，尤其是田园隐逸诗，对唐宋诗人有很大的影响。唐代诗圣杜甫曾以“诗酒相喻”，写诗赞颂陶渊明的创作思想和诗文作品。宋代诗人苏东坡对陶渊明更是情有独钟，高度赞赏了陶诗“似大匠运斤，不见斧凿之痕”的创作技巧和艺术功力，并写了109篇诗，与陶诗唱和。

【18】 陶渊明是中国田园诗人的开山祖，是诗坛隐逸的第一人。他的诗篇既注重历史与生活的真实，更注重思想情感和襟怀抱负的真实，是比较完美的艺术真实。千百年来，他的品格，他的诗歌，他的田园，连同他的那份“悠然”，一并成为后世诗人崇拜和研究的对象。

祖冲之

祖冲之（429 — 500），字文远，范阳蓟县人（今河北省保定涞水县下车亭村人），南北朝时期杰出的数学家、科学家。

祖冲之的祖父祖昌曾任刘宋的“大匠卿”，掌管土木工程；祖冲之的父亲也在朝中做官。祖冲之从小接受家庭环境的熏陶，学习家传的科学知识。青年时进入华林学省，从事学术活动。一生先后任过南徐州（今镇江市）从事史、公府参军、娄县（今昆山市东北）令、谒者仆射、长水校尉等官职。其主要贡献在数学、圆周、天文历法和机械四方面，为中国乃至世界文明的进步作出了卓越的贡献。

中华数杰祖冲之

[1]
值世逢时冲之降，博学多才美名扬。

[2]
学究古人不虚颂，实察圣典取精养。

[3]
缀术五卷入算经，数研成果出考项。

[4]
祖率推演小数七，世界之最文远创。

[5]
编制新法大明历，引入岁差破天荒。

[6]
机械设计心官巧，车船制作才思强。

[7]
谙识音律擅弈棋，熟习文学会考量。

[8]
精述释义明哲理，遍览百家通阴阳。

[9]
安边论里忧国事，水推磨中虑民粮。

[10]
一生求实驳议存，一世革新真理扛。

[11]
月球环形山是形，宇空小行星为像。

[12]
数杰行内有泰斗，科家丛里生巨匠。

注释

祖冲之，中国南北朝时期杰出的数学家、科学家。全诗共十二联，记述了祖冲之的学术思想、研究成果和优秀事迹，歌颂了他潜心研究、善于创新的伟大精神和为中国科学事业尤其数学研究做出的杰出贡献。

【1】 南朝宋代，由于社会比较安定，农业和手工业都有了显著的进步，经济和文化得到了迅速发展，从而也推动了科学的前进。因此，南朝出现了一些很有成就的科学家，祖冲之就是最杰出的人物之一。

【2】 祖冲之早在青年时期，他就有了博学多才的名声，并被政府派到学术研究机构——华林学省，去做研究工作。祖冲之研究学术态度非常严谨，他十分重视前人研究的成果，但又绝不迷信，完全听从于古人。用他的话来说，就是不“虚推古人”，而要“搜炼古今”。

【3】 祖冲之的数学成就非常辉煌，他写的《缀术》一书，被收入著名的《算经十书》中，作为唐代国子监算学课本，政府举行数学考试时，多从《缀术》中出题。可惜，这本书已经失传。

【4】 祖冲之对于圆周率的研究，就是对我国乃至世界的一个突出贡献。祖冲之算出的 π 值精确到小数点后第七位，成为当时世界上最先进的成就。这一纪录直到 15 世纪才由阿拉伯数学家卡西打破。

【5】 祖冲之除了在数学方面的研究在当时领先世界外，第

二大突出的贡献是在天文历法方面。祖冲之在吸收前人研究成果的基础上，制成了当时最科学、最进步的历法——《大明历》。这是祖冲之科学研究的天才结晶，也是他在天文历法上最卓越的贡献。其中，破天荒地应用了“岁差”（按照现代天文学家的精确计算，大约每年相差 50.2 秒，每七十一年八个月向后移一度，这种现象叫做岁差）。

【6】 祖冲之第三大杰出贡献是机械制造。他先后制作了指南车、千里船和“欹器”，同时他看到劳动人民舂米磨粉很费力，就创造了一种粮食加工工具，叫做水碓磨。这种加工工具，如今我国南方有些农村还在使用。

【7】 祖冲之智慧超人，才思独特，除了上面三个方面的突出贡献外，他在音律、文学、考据方面也很有造诣，他精通音律，擅长弈棋，还写有小说《述异记》。祖冲之是中国历史上少有的博学多才的人物。

【8】 祖冲之一生博览群书，精通百家，学识深厚，成果丰硕。他生平著作很多，内容多样，除了前面提到的一些成果外，他还著有《释论语》《释孝经》《易义》《老子义》《庄子义》等关于哲学的书籍，可惜都已失传。

【9】 祖冲之非常关心社会发展趋势和人民生存状况，他曾在担任长水校尉官职的时候，写了一篇《安边论》，建议政府开垦荒地，发展农业，增强国力，安定民生，巩固国防。同时他制造了很多像水碓磨一样的农具，以减轻农民劳力，提高生产效率。

【10】 祖冲之在研制大明历的过程中，勇于创新，敢于坚持真理，还为大明历写了“驳议”一文，与守旧势力的代表戴

法兴进行了毫不让步的斗争。在这场大辩论中，许多大臣被祖冲之精辟透彻的理论说服，祖冲之取得了最后的胜利。

【11】 公元500年，祖冲之去世，享年七十二岁。1964年为了纪念这位伟大的古代科学家，紫金山天文台把小行星1888命名为“祖冲之小行星”。1967年，国际天文学家联合会把月球上一座环形山命名为“祖冲之环形山”。

【12】 祖冲之在天文、历法、数学及机械制造等方面的辉煌成就，充分体现了我国古代科学的高度发展水平，体现了中国古代文明的先进。在中国历史上，祖冲之是数杰行里的泰斗、科家丛里的巨匠，他的品质和精神、事迹和成果，永远激励后代，滋养新人。

隋书·律历志（节选）

宋末，南徐州从事史祖冲之，更开密法，以圆径一亿为一丈，圆周盈数三丈一尺四寸一分五厘九毫二秒七忽，朒数三丈一尺四寸一分五厘九毫二秒六忽，正数在盈朒二限之间。密率，圆径一百一十三，圆周三百五十五。约率，圆径七，周二十二。

从祖冲之的圆周率谈起

华罗庚

祖冲之不仅是一位数学家，同时还通晓天文历法、机械制造、音乐，并且还是一位文学家。祖冲之制订的《大明历》，改革了历法，他将圆周率算到了小数点后七位，是当时世界最精确的圆周率数值，而他创造的“密率”闻名于世。

“岁差”解读

根据物理学原理，刚体在旋转运动时，假如丝毫不受外力的影响，旋转的方向和速度应该是一致的；如果受了外力影响，它的旋转速度就要发生周期性的变化。地球就是一个表面凹凸不平、形状不规则的刚体，在运行时常受其他星球吸引力的影响，因而旋转的速度总要发生一些周期性的变化，不可能是绝对均匀一致的。因此，每年太阳运行一周（实际上是地球绕太阳运行一周），不可能完全回到上一年的冬至点上，总要相差一个微小距离。按现代天文学家的精确计算，大约每年相差 50.2 秒，每七十一年八个月向后移一度。这种现象叫作岁差。

随着天文学的逐渐发展，中国古代科学家们渐渐发现了岁差的现象。西汉的邓平，东汉的刘歆、贾逵等人都曾观测出冬至点后移的现象，不过他们都还没有明确地指出岁差的存在。到东晋初年，天文学家虞喜才开始肯定岁差现象的存在，并且首先主张在历法中引入岁差。他给岁差提出了第一个数据，算出冬至日每五十年退后一度。后来到南朝宋的初年，何承天认为岁差每一百年差一度，但是他在他所制定的《元嘉历》中并没有应用岁差。祖冲之继承了前人的科学研究成果，不但证实了岁差现象的存在，算出岁差是每四十五年十一个月后退一度，而且在他制作的《大明历》中应用了岁差。

第五篇

隋唐宋元

隋文帝

隋文帝杨坚（541—604），隋朝开国皇帝。弘农郡华阴（今陕西省华阴市）人，汉太尉杨震十四世孙。

杨坚在位期间，军事上攻灭陈国，成功地统一了严重分裂数百年的中国，并击破突厥，被尊为“圣人可汗”；内政方面，开创先进的选官制度，发展文化经济，使得中国成为盛世之国。开皇年间，隋朝疆域辽阔，人口达到700余万户，是中国农耕文明的辉煌时期。

华夏英雄出杨坚

[1]
晋末始乱三百年，华夏英雄出杨坚。
[2]
承父身在帝王旁，袭爵如同伴虎眠。
[3]
相貌奇伟惹祸端，故旧暗助避三险。
[4]
自请离京戍边塞，总理亳州觅时变。
[5]
三让受禅继皇位，定号大隋临光殿。
[6]
兵进江陵西梁亡，军入建康陈朝灭。
[7]
天下大势分久合，地上割据裂又团。
[8]
建立五省六部制，收归官吏权任免。
[9]
遏兼止并定土地，夺富予贫推均田。
[10]
检阅户口除浮客，轻徭薄赋民益宽。
[11]
整肃吏治裁冗官，精简机构设州县。
[12]
科举创制开先河，不拘一格选能贤。
[13]
亲删旧刑造新律，颁审五律溯西汉。
[14]
大兴城建惊世界，京都布局科技现。

[15]
广造粮仓粟食丰，厉行节俭财满贯。

[16]
南平豪族稳统一，北击突厥东亚安。

[17]
地广三代力无敌，威振八纮势空前。

[18]
隋朝帝制文帝创，唐宋明清相承沿。

[19]
开皇之治史留名，盛世之国册记案。

注释

隋文帝，中国历史上伟大的政治家、军事家，是隋朝的开国皇帝。全诗共十九联，记述了隋文帝的出身、品格和登基继位后驾驭天下、治理国家的主要经历和杰出事迹，歌颂了他善于把握天下大势、勇于改革创新的精神和为中华文化的延续和发展做出的重大贡献。

【1】 中国历史上，自晋末开始，军阀割据，战乱不断。隋文帝杨坚的出世、执政，终于结束了这三百多年的社会动乱，使中华民族重新归于统一。隋文帝在位二十余年，国家由衰转盛，政治稳定，生产发展，经济繁荣。在众多的封建帝王中，隋文帝是一个有所作为的人。

【2】 隋文帝杨坚是东汉太尉杨震十四世孙，其父亲杨忠跟随北周文帝宇文泰起义关西，官至柱国、大司空，封隋国公。公元568年杨忠死后，杨坚承袭父爵。他长期身在帝王旁，有“如同伴虎眠”之感。

【3】 隋文帝杨坚相貌奇特，常引起别人的注意。齐王宇文宪曾对武帝宇文邕说："坚相貌非常，臣每见之，不觉自失，恐非人下，请早除之。"杨坚聪明机警，善于观察，在故友暗中提醒和帮助下，连续三次躲过了帝王的陷害，化险为夷，保住了性命。

【4】 隋文帝杨坚经历了三次帝王的陷害以后，终于想出了"两全"之策，通过内史上大夫郑译向帝王透露自己久有出藩之意。于是帝王任命他为亳州总管。这样帝王放心了，杨坚也安心了。

隋文帝杨坚出关、担任亳州总管时，有人劝他就此起兵，建立帝王之业，杨坚握着他的手说："时机还不成熟啊。"其实，杨坚在亳州时，一直在观察时势，寻觅机会。

【5】 北周老皇帝去世，儿子周静帝即位，任命杨坚为丞相。于是，杨坚趁周静帝年幼，消灭异己，铲除政敌，培植自己的势力。公元 581 年，北周静帝以杨坚众望所归下诏宣布禅让。杨坚三让而受天命，自相府常服入宫，在临光殿即位，定国号为大隋，改元开皇。

【6】 隋文帝杨坚即位后，很快平定了国内的叛乱，只剩下南方的陈朝和位于江陵一隅之地的西梁。公元 587 年，攻灭西梁。公元 588 年，杨坚率军五十余万，三路伐陈。公元 589 年，攻入陈都建康城，生擒陈主叔宝，陈朝灭亡。公元 590 年，安抚岭南诸州，使之归入隋地。至此，天下一统。

【7】 隋文帝杨坚即位后，采取"武攻""文抚"的策略，消灭了西梁、陈朝，安抚了岭南诸州，终于结束了西晋末年以来近三百年的分裂割据状态。这样，实现了自秦汉以来又一次

统一，使北方民族大融合，南方经济大发展。

【8】 统一全国后，隋文帝杨坚励精图治，开创了辉煌的“开皇之治”。杨坚从实际出发，废除了九品中正制，改为五省六部制。同时收回地方官吏的任免权，设立“吏部”，掌管全国官吏的任免、考核、升降和调动。这样，加强了中央的集权，有利于国家的稳定。

【9】 隋文帝杨坚在经济方面首先推行均田制。这种办法有点“夺富予贫”，政府把一部分无主荒地和国家共有土地“均”给无地农民，能使他们的生活有最低限度的保证。同时采取措施，抑制豪强，有效地遏制了土地兼并的发展。

【10】 其次，隋文帝杨坚实行“大索貌阅”，检查户口。通过检查，消除了“浮客”（浮客是指避免公税，依附豪强作佃家之人），国家增加了“编户”，也增加了国家的赋税收入。同时，推行“输籍法”和轻徭薄赋政策，从而在一定程度上减轻了人民的负担。

【11】 隋文帝杨坚在确立了五省六部制后，又对地方机构进行改革。“开皇”三年，杨坚听从尚书杨尚希的建议，废郡，改为州县二级制。州设刺史，县设县令。同时，裁汰了大量的冗官，大大节省了政府的开支，提高了行政效率，也减轻了人民的负担。

【12】 隋文帝杨坚在简化了地方行政机构以后，开创科举制度。杨坚命令各州每年推选三个文章华美、有才能的人，到中央受官。后来，他又下令，京官五品以上，地方官部管刺史，要由德才兼备的举人担当。杨坚开创的科举制度，有利于不拘一格选人才，在中国历史上留存长达 1 300 多年，直到清朝末期

才废除。

【13】 鉴于北周的法律既残酷又混乱的现状，隋文帝杨坚进行改革，亲手删定《刑书要制》，最后制定《开皇律》。废除了酷刑，将刑罚分为死、流、徒、仗、笞五种，基本上完成了自汉文帝刑制改革以来的刑罚制度改革历程。这就是封建历史上的“五刑制”。

【14】 隋文帝杨坚在汉长安城东南筑新城，名大兴城，在今西安城及城东、城南、城西一带，即后来的唐朝长安城。大兴城在当时的世界上是最为巨大的城市，是汉长安城的2.4倍，明清北京城的1.4倍。比同时期的拜占庭王国都城大7倍，较公元800年所建的巴格达城大6.2倍。

【15】 隋朝政府在各地修建了许多粮仓，其中著名的有兴洛仓、回洛仓、常平仓、黎阳仓、广通仓等。每个粮仓储粮都在百万石以上。隋文帝杨坚，素食素衣，生活节俭。他虽贵为天子，却食不重肉，并提倡官员节俭。隋文帝的这种行为，在一定程度上减轻了人民的负担，有利于百姓的安居乐业。

【16】 公元590年，原陈朝境内的士族和土豪起兵叛变，攻陷州县，杀害地方官。隋文帝杨坚果断用兵，不过数月就平定了原陈旧境，使南北统一进一步巩固。同时，隋文帝北击突厥，既打击了游牧帝国的嚣张，又稳定了东亚局势，成为隋朝皇帝兼突厥名义上的君主。

【17】 隋文帝杨坚自即位以后，开创了“地广三代，威震八纮”的大隋王朝，存在时间38年，建立正式行政区域，实施有效管辖的范围，超过历史上任何朝代。隋文帝杨坚的成就在中华历史上，引人注目，颇受历史学家好评。

【18】 历史学家范文澜说，隋文帝的主要功绩，在于统一全国后，实行各种巩固统一的措施，使连续三百余年的战事得到停滞，全国安宁，民众休息，社会繁荣。秦始皇创设的秦制，为汉以后各朝沿袭；隋文帝创设的隋制，为唐以后各朝所遵循，影响深远。

【19】 隋文帝杨坚在位二十多年，当时社会民生富庶、人民安居乐业、政治安定、国势强盛，在历史上留下了“开皇之治”的美名。杨坚临终时，国家的发展和繁荣达到了封建社会的顶峰，其励精图治的精神和崇尚节俭的行为，永远激励着后人。

附录

隋书（节选）

高祖龙德在田，奇表见异，晦明藏用，故知我者希。始以外戚之尊，受托孤之任，与能之议，未为当时所许，是以周室旧臣，咸怀愤惋。既而王谦固三蜀之阻，不逾期月，尉迥举全齐之众，一战而亡，斯乃非止人谋，抑亦天之所赞也。乘兹机运，遂迁周鼎。于时蛮夷猾夏，荆、扬未一，劬劳日昃，经营四方。楼船南迈，则金陵失险，骠骑北指，则单于款塞，《职方》所载，并入疆理，《禹贡》所图，咸受正朔。虽晋武之克平吴会，汉宣之推亡固存，比义论功，不能尚也。七德既敷，九歌已洽，要荒咸暨，尉候无警。于是躬节俭，平徭赋，仓廪实，法令行，君子咸乐其生，小人各安其业，强无陵弱，众不暴寡，人物殷阜，朝野欢娱。二十年间，天下无事，区宇之内晏如也。

考之前王，足以参踪盛烈。但素无术学，不能尽下，无宽仁之度，有刻薄之资，暨乎暮年，此风逾扇。又雅好符瑞，暗于大道，建彼维城，权侔京室，皆同帝制，靡所适从。听哲妇之言，惑邪臣之说，溺宠废嫡，托付失所。灭父子之道，开昆弟之隙，纵其寻斧，剪伐本枝。坟土未干，子孙继踵屠戮，松槚才列，天下已非隋有。惜哉！迹其衰怠之源，稽其乱亡之兆，起自高祖，成于炀帝，所由来远矣，非一朝一夕。其不祀忽诸，未为不幸也。

魏征评价

皇帝载诞之初，神光满室，具兴王之表，韫大圣之能。或气或云，荫映于廊庙；如天如日，临照于轩冕。内明外顺，自险获安，岂非万福扶持，百禄攸集。

司马光评价

高祖性严重，令行禁止，勤于政事。每旦听朝，日昃忘倦。虽啬于财，至于赏赐有功，即无所爱；将士战没，必加优赏，仍遣使者劳问其家。爱养百姓，劝课农桑，轻徭薄赋。其自奉养，务为俭素，乘舆御物，故弊者随令补用；自非享宴，所食不过一肉；后宫皆服浣濯之衣。天下化之，开皇、仁寿之间，丈夫率衣绢布，不服绫绮，装带不过铜铁骨角，无金玉之饰。故衣食滋殖，仓库盈溢。受禅之初，民户不满四百万，末年，逾八百九十万，独冀州已一百万户。然猜忌苛察，信受谗言，功臣故旧，无始终保全者；乃至子弟，皆如仇敌，此其所短也。

唐太宗

唐太宗李世民（598—649），祖籍陇西成纪，是唐高祖李渊和窦皇后的次子，唐朝第二位皇帝，杰出的政治家、战略家、军事家。

李世民称帝之后，积极听取群臣的意见，对内以文治天下，虚心纳谏，厉行节约，劝课农桑，使百姓能够休养生息，国泰民安，开创了中国历史上著名的“贞观之治”。对外开疆拓土，攻灭东突厥与薛延陀，征服高昌、龟兹、吐谷浑，重创高句丽，设立安西四镇，各民族融洽相处，被各族人民尊称为天可汗，为后来唐朝一百多年的盛世奠定厚实基础。

英武帝王唐太宗

[1]
中华封建唐巅峰，英武帝王唐太宗。
[2]
晋阳起兵宏宏志，开国立朝赫赫功。
[3]
高祖禅位世民继，贞观大治始启动。
[4]
不问贵贱唯贤能，不计前嫌品行重。
[5]
从谏不忘今代兴，纳言铭记前朝终。
[6]
立身防微臣为镜，修政杜渐法运用。
[7]
戒奢从简革弊政，轻徭薄赋安耕农。
[8]
放眼不歧商贸起，丝绸之路更兴隆。
[9]
图籍检校储馆库，群书大备文化崇。
[10]
武击强虏疆域稳，德泽四夷民族融。
[11]
华夏新名称唐人，天可汗号戴秦公。
[12]
政明吏廉民乐业，丰衣足食人少讼。
[13]
夜不闭户世间清，道不拾遗人心同。
[14]
帝范教子评一生，深省己过不自颂。

[15]
煌煌盛业盖古圣，巍巍太宗帝王雄。

注释

唐太宗，唐朝第二位皇帝，中国历史上杰出的政治家、战略家、军事家。全诗共十五联，记述了唐太宗帮助父亲建立唐朝和实施贞观大治的主要经历和杰出事迹，歌颂了他观大势、善用人、荐贤能、治天下、拓疆土、服四夷的卓越智慧和为中华民族文化发展作出的伟大贡献。

【1】 中华封建社会历史上，唐朝是巅峰；中华帝王历史上，唐太宗是明君，唐太宗李世民的文治武功，自古就为人所津津乐道，颂扬备至。唐太宗，无论对天下大势的把握还是军事策略的制定，无论是治理国家的境界还是文武人才的选择，都达到了他人难以企及的高度。

【2】 公元 617 年，李世民审时度势，鼓动父亲李渊竖起反隋旗帜，从晋阳起兵，表现了他的宏伟志向。李世民在李渊的册封下，统帅右三军，起兵攻入长安，一举消灭隋朝，表现了他的军事才能。公元 618 年李渊称帝，改国号为唐。由于李世民在开国立朝中的赫赫战功，李渊封李世民为秦王。

【3】 李世民父亲李渊称帝后，优柔寡断，使朝中政令相互冲突，诸子矛盾逐步升级。公元 626 年 7 月 2 日，李世民发动“玄武门之变”，射杀李建成、李元吉。公元 626 年 9 月 4 日，李渊退位称太上皇，传位于李世民。李世民登基为帝，次年改元贞观。

【4】 李世民即帝后，努力储备天下人才。他知人善任，用人唯贤，不问出身，他手下的人如房玄龄、杜如晦、长孙无忌、杨师道、褚遂良、李靖等，都是忠廉之士；他不计前嫌，重用李建成旧部，如魏征、王圭、秦琼等。于是，在李世民的手下，文人武将，人才济济。

【5】 唐太宗以隋炀帝拒谏亡国为诫，即位后尽力求言。他把谏官的权力扩大，又鼓励群臣批评他的决策和风格。其中魏征廷谏 200 余次，成为一代名臣。晚年的唐太宗因国富民强，纳谏的气度不如初期，也发生过误杀大臣的遗憾，但基本上仍保持着善于纳言的风范。

【6】 唐太宗身为一代帝王，但能做到“立身防微”，以臣为镜。魏征死后，因其在犯颜直谏方面的表现，把魏征称为是一面正人的“人镜”。唐太宗还能做到“修政杜渐”，处理问题遵循法律，按制行事，防止以情代法、徇私枉法。

【7】 唐太宗在经济上实行均田制和租庸调制，使农民能安定生产，耕作有时，促进了经济的发展。重视农业，减轻农民赋税劳役。“戒奢从简”，节制自己的享受欲望；革除“民少吏多”的弊政，努力减轻人民的负担。

【8】 唐太宗的贞观之治，一反历代王朝的常规，不歧视商业的发展，而且还给商业的发展提供了许多便利的条件，从而促进了商贸的繁荣。自西汉以来，开辟的“丝绸之路”，一直是东西方物质文明的纽带。唐朝疆域辽阔，在西域设置了管理机构，使“丝绸之路”更加顺畅。唐朝在这些方面取得的成就，充分体现了唐太宗的长远眼光。

【9】 贞观初年，唐太宗在全国范围内收集图籍，在弘文殿

聚四部群书20余万卷，并建“弘文馆”储藏图籍。另外，还建了“史馆”“司经局”“秘书省”和“崇文馆”等，其藏书质量与数量远远超过前代，史称“群书大备”。

【10】 唐王朝建立之初，东有稽胡的扰边，西有吐谷浑的威胁，北有突厥的侵袭，边患严重。唐太宗即位后，经过三十年的努力，使政权得到了巩固，便对突厥的骚扰从防御转入反击，同时对他周边的少数民族采用怀柔政策。唐太宗的民族政策和有效措施，不仅灭亡了东突厥汗国，而且安抚了周边其他民族，取得了极大的成功。

【11】 公元647年，唐太宗被回纥等族拥戴为“天可汗”，成为各族的共主和最高领袖。正是在唐代，中华民族新的代称——“唐人”形成，奠定了现代中华民族的基础。

【12】 唐太宗的贞观之治，使唐朝出现了政治清明、官吏清廉、人民安居乐业的态势。唐太宗的治国方略和配套措施，使国家出现了生产发展、经济繁荣、社会治安良好、人民生活丰衣足食的景象。

【13】 唐太宗的贞观之治时期，社会夜不闭户，道不拾遗。公元630年，全国判处死刑的囚犯只有29人。公元632年，死刑犯有290人。这一年末，唐太宗准许他们回家办理后事，秋天再回来就死；第二年，290个囚犯全部回还，无一逃亡。这足以说明贞观之治，使社会达到了“世间清”“人心同”的目标和要求。

【14】 唐太宗李世民晚年，著述《帝范》一书，总结了他的施政经验，同时自评一生功过。公元648年，唐太宗将他的撰写的《帝范》十二篇颁赐给太子李治，并对其告诫说：“你应

当以古代的圣贤哲王为师，像我这样，是绝对不能效法的。”唐太宗的教子，能够实事求是评一生，不饰己过，不作自颂。

【15】 整个中国历史最强盛的是两个朝代，一是汉朝，代表人物是汉武帝刘彻；二是唐朝，代表人物是唐太宗李世民。两朝相比，唐朝明显盛于汉朝。完全可以这样说，唐太宗李世民“煌煌盛业盖古圣”，是帝王中的英杰和王朝中的楷模。

附录

赐魏征诗

唐 · 李世民

醽醁胜兰生，
翠涛过玉瓒。
千日醉不醒，
十年味不败。

魏征（580—643），字玄成，巨鹿人（巨鹿郡下曲阳，即原本的晋县，现今的河北省晋州市。又说河北邢台市巨鹿县人或河北馆陶县），唐朝政治家。曾任谏议大夫、左光禄大夫，封郑国公，以直谏敢言著称，是中国史上最负盛名的谏臣，享有崇高的声誉。

著有《隋书》序论，《梁书》《陈书》《齐书》的总论等。其言论多见《贞观政要》。

唐宗恭称帝王镜

[1]
魏征青史享盛名，唐宗恭称帝王镜。
[2]
曾在李密掌文书，后入建成计谋进。
[3]
饱览经典崇儒学，治政厚德慎用刑。
[4]
谏篇二百辞犀利，疏字十万观点新。
[5]
兼听则明偏信暗，居安思危须俭行。
[6]
载舟覆舟水为贵，民是邦本国安宁。
[7]
绵里藏针龙颜悦，寓贬于褒天子聆。
[8]
万世师表双十文，今时选为学子经。
[9]
奉作良臣非忠君，仕途尊为座右铭。
[10]
自正析案依法理，己实断讼求公平。
[11]
隋书编撰四类分，提纲修订有挈领。
[12]
其兴也勃探其源，其亡也速索其因。
[13]
一生不负圣明主，一世不为朋党亲。
[14]
千古素颂贞观治，莫忘郑公德才情。

注释

魏征，是中国历史上最负盛名的谏臣，享有崇高的声誉。全诗共十四联，叙述了魏征的主要经历、政治观点和杰出事迹，以及在历史上的重要贡献和突出地位。

【1】 魏征是中国历史上杰出的政治家、思想家、史学家。其死后，唐太宗李世民说了这样一段话："夫以铜为鉴，可以正衣冠；以史为鉴，可以知兴替；以人为鉴，可以明得失。朕尝宝此三镜，用防己过。今魏征殁，朕失一鉴矣！"在这里，唐太宗恭敬地把魏征尊为雕琢"美玉"的良工、矫正己过的"人镜"。

【2】 魏征出身贫寒，但喜爱读书，曾被瓦岗军主帅李密任为文学参军，专掌文书卷宗；后又被唐高祖李渊的大儿子李建成引用为东宫僚属。在此期间，多次劝李建成要先发制人，及早动手，除掉李世民。

【3】 魏征一生崇尚儒学，饱览四书五经，在法律思想上强调"明德慎罚""惟刑之恤"，认为治理国家的根本在于德、礼、诚、信。

【4】 魏征向唐太宗进谏知无不言，言无不尽，前后二百余篇、十万余字，无论疏文、谈话，观点鲜明，文辞犀利，具有很强的思想性和哲理性。

【5】 魏征谏言中有许多箴言警句，其中两句是"兼听则明，偏信则暗"和"居安思危，戒奢以俭"。

【6】 魏征在谏言中除了前面两句以外，还有另外两句，

"载舟覆舟，所宜深慎"和"民为邦本，本固国宁"。

【7】 魏征以敢于直谏而闻名于世，但也不是不讲究方式方法，一味地顶撞和冒犯皇帝。他的进谏，非常讲求艺术性，常常绵里藏针、寓贬于褒，善于因势利导，运用表扬的方式，帮助皇帝改正错误和缺点。

【8】 在魏征所有谏言中，尤以贞观十一年上奏的《谏太宗十思疏》和贞观十三年上奏的《十渐不克终疏》两篇疏文最为著名，被历代史学家称为"万世师表"。今天，这两篇疏文已被选入高中语文教材，作为学生学习的重要课文。

【9】 魏征作为唐太宗的重要辅佐，他曾恳切要求唐太宗使他充当治理国家的"良臣"，而不要使他成为对皇帝一人尽职的"忠臣"。在魏征一生的从政中，这句话是他的座右铭。每次进谏，虽然常常激怒唐太宗，但他神色自若，毫不动摇，使唐太宗深为折服。

【10】 魏征在进谏时，总是特别要求唐太宗率先严格遵守法制以督责臣下。在听讼理狱方面，强调"求实"，严防狱吏徇私枉法，造成冤案。他自己奉昭参与评理疑难案件，都能按照这些思想，着眼大体，公平执法，依情理处断，做到"人人悦服"。

【11】 魏征奉昭修撰《隋书》，把经籍分成四部，部下有类，类有小序，每书各有大序，提纲挈领地述评要义，表现了高深的学术造诣。四部分类法虽不是魏征首创，但在目录学发展史上有重要地位，对唐以后的图书分类有极大影响。

【12】 魏征作为唐初的政治家，亲历了隋朝兴亡和唐朝兴

起的历史巨变，逐步形成了“以隋为鉴”的明确思想，随时随地警谏唐太宗，告诉他隋朝“其兴也勃，其亡也速”的道理，希望唐太宗能够从隋朝的危、乱、亡中，找到唐朝安、治、存的办法。

【13】 魏征辅佐唐太宗 17 年，“以犯颜直谏”而闻名。他那种“上不负时主，下不阿权贵，中不侈亲戚，外不为朋党”的精神，千百年来，一直被传为佳话。

【14】 从唐朝以来，人们一直称赞“贞观之治”，歌颂唐太宗的历史功绩。但是我们不能忘记“郑公德才情”（魏征被封为郑国公），以及他在“贞观之治”中做出的伟大贡献。魏征将和他的历史功绩一起永垂不朽。

附录

谏太宗十思疏

唐 · 魏征

臣闻求木之长者，必固其根本；欲流之远者，必浚其泉源；思国之安者，必积其德义。源不深而望流之远，根不固而求木之长，德不厚而思国之安，臣虽下愚，知其不可，而况于明哲乎？人君当神器之重，居域中之大，不念居安思危，戒奢以俭，斯亦伐根以求木茂，塞源而欲流长也。

凡百元首，承天景命，善始者实繁，克终者盖寡。岂取之易守之难乎？盖在殷忧必竭诚以待下，既得志则纵情以傲物；竭诚则吴越为一体，傲物则骨肉为行路。虽董之以严刑，振之以威怒，终苟免而不怀仁，貌恭而不心服。怨不在大，可畏惟人；载舟覆舟，所宜深慎。

诚能见可欲则思知足以自戒，将有作则思知止以安人，念高危则思谦冲而自牧，惧满溢则思江海下百川，乐盘游则思三驱以为度，忧懈怠则思慎始而敬终，虑壅蔽则思虚心以纳下，惧谗邪则思正身以黜恶，恩所加则思无因喜以谬赏，罚所及则思无因怒而滥刑：总此十思，宏兹九德，简能而任之，择善而从之，则智者尽其谋，勇者竭其力，仁者播其惠，信者效其忠；文武并用，垂拱而治。何必劳神苦思，代百司之职役哉？

述 怀

唐·魏征

中原初逐鹿，投笔事戎轩。
纵横计不就，慷慨志犹存。
杖策谒天子，驱马出关门。
请缨系南越，凭轼下东藩。
郁纡陟高岫，出没望平原。
古木鸣寒鸟，空山啼夜猿。
既伤千里目，还惊九逝魂。
岂不惮艰险？深怀国士恩。
季布无二诺，侯嬴重一言。
人生感意气，功名谁复论。

李白

李白（701—762），字太白，号青莲居士，又号“谪仙人”。唐代伟大的浪漫主义诗人，被后人誉为“诗仙”。与杜甫并称为“李杜”，为了与另两位诗人李商隐与杜牧即“小李杜”区别，杜甫与李白又被合称为“大李杜”。其人爽朗大方，爱饮酒作诗，喜交友。

李白深受黄老列庄思想影响，有《李太白集》传世，诗作中多以醉时所写，代表作有《望庐山瀑布》《行路难》《蜀道难》《将进酒》《梁甫吟》《早发白帝城》等多首。

李白所作词赋，宋人已有传记（如文莹《湘山野录》卷上），就其开创意义及艺术成就而言，“李白词”享有极为崇高的地位。

谪仙浪漫为巨俊

[1]
唐朝诗坛满天星，谪仙浪漫为巨俊。

[2]
少年仗剑游南北，谒官访友连感情。

[3]
长安献诗上玉真，洛阳捧赋呈帝英。

[4]
知章欣赏忙作恭，隆基仰慕急步迎。

[5]
供奉翰林侍左右，陪主赋诗受宠信。

[6]
庙堂脱靴权臣恨，殿庭厌世居士隐。

[7]
安史之乱幕永王，十一巡歌怂李璘。

[8]
长流夜郎遇大赦，早发白帝放歌行。

[9]
贫病交迫投族叔，临终歌赋留阳冰。

[10]
青莲奇诗近千首，诗仙绝艺登化境。

[11]
毫起如龙风雨骤，笔落似神草木惊。

[12]
五绝飘逸胜浩然，七绝潇洒过昌龄。

[13]
歌行变幻随意生，语无雕饰自然景。

[14]
词篇二十传至今，开山之作贵在新。

[15]
御封三绝诗剑书，太白第一帝王定。

注释

李白，中国唐代伟大的浪漫主义诗人，被后人誉为“诗仙”。全诗共十五联，记述了李白仗剑、访友、献诗、捧赋、入仕、受宠、获罪、遇赦、留绝的人生经历和主要事迹，歌颂了他“毫起如龙”“笔落似神”“五绝飘逸”“七绝潇洒”的诗艺技巧和创作风格以及为中国诗文化作出的卓越贡献。

【1】 唐朝是我国诗歌发展的巅峰时期，在诗坛上出现了一大批在历史上享有盛誉的诗人，如李白、杜甫、白居易、李贺、李商隐、杜牧、王维、王昌龄等。其中李白是浪漫主义的杰出代表，是唐朝诗坛的巨俊。

【2】 公元 701 年，李白生，字太白。李白自幼聪明，“五岁诵六甲”，十五岁能赋诗，并得到一些社会名流的推崇与奖掖。公元 725 年，李白仗剑出蜀，辞亲远游，拜谒名流，联络感情，结识了如李邕、孟浩然等一些诗坛名人。

【3】 公元 735 年，李白西游，正好遇上唐玄宗狩猎，趁机献上了《大猎赋》，希望能博得玄宗的赏识。同年，李白通过他人向唐玄宗的御妹玉真公主献诗，希望能得到玉真公主的喜爱。李白的捧赋和献诗，目的是为了进入仕途。

【4】 李白在长安结识了诗人贺知章，并呈上袖中的诗本。贺知章颇为欣赏《蜀道难》和《乌栖曲》，称他为谪仙。公元 742 年，由于玉真公主和贺知章的交口称赞，唐玄宗十分仰慕，

便召李白进宫。李白进宫那天，唐玄宗降辇步迎，亲手调羹，让李白供奉翰林。

【5】 李白供奉翰林，职务是给皇上写诗文娱乐，陪侍皇帝左右。唐玄宗每有宴请或郊游，必命李白侍从，赋诗纪实。李白受到皇帝的如此宠幸，同僚不胜羡慕，也有人产生嫉恨之心。

【6】 李白供奉翰林，不久对御用文人生活日渐厌倦，开始纵酒以自昏秽，甚至唐玄宗呼之不朝。有一次，李白奉诏醉中起草诏书，引足令高力士脱靴，引起宫中人的憎恨。他们在玄宗面前馋谤，皇帝相信，疏远李白。于是，李白离开殿宫，思慕隐居生活。

【7】 公元755年，安史之乱爆发，李白避居庐山，胸中始终存在着退隐和济世两种矛盾的思想。恰在此时，永王李璘出师东巡，李白应邀入幕。李白写下《永王东巡歌》十一首，怂恿李璘割据称帝。不久，永王李璘兵败，李白也因此被牵连，被投入浔阳监狱。

【8】 公元758年，李白自浔阳出发，开始长流夜郎，妻弟相送，十分凄凉。公元759年，朝廷因关中遭遇大旱，宣布大赦，李白因此赦免。李白经过长期的辗转流离，终于获得自由。于是，他顺着长江疾驶而下，写下了著名诗篇《早发白帝城》，充分反映了其因遇赦而极其欢快的心情。

【9】 公元761年，李白贫病交迫，不得已只好投奔在当涂做县令的族叔李阳冰。公元762年，李白病重，在病榻上将手稿交给了李阳冰，赋《临终歌》后，与世长辞，终年62岁。

【10】 李白，号青莲居士，人称“诗仙”，一生留下了近千

首诗篇。李白的诗雄奇奔放，俊逸清新，富有浪漫主义精神，达到了内容与艺术的完美统一。李白在诗坛是登入“化境”的人物，与杜甫并称为唐代的“大李杜”（唐代李商隐与杜牧并称为“小李杜”）。

【11】 李白的诗具有“笔落惊风雨，诗成泣鬼神”的艺术魅力，这也是他诗歌中最鲜明的艺术特色。李白的诗富有自我表现的主观抒情色彩，具有一种排山倒海、一泻千里的气势，使人读后有一种如临其境、如见其势的惊心动魄的感觉。

【12】 李白的诗常将想象、夸张、比喻、拟人等手法综合运用，从而造成神奇色彩、瑰丽动人的意境。在盛唐诗人中，王维、孟浩然长于五绝，王昌龄善于七绝，兼有五绝与七绝而且同臻极境的，只有李白一人。

【13】 李白的诗作中，乐府、歌行及绝句成就最高。其歌行，空无依傍，笔法多端，达到变幻莫测、随心所生的神奇境界。李白诗歌语言，清新脱俗，不事雕塑，不拘声律，近于散文，这是他自觉追求自然美的结果。

【14】 李白除了近千篇诗作以外，还创作词20余首，如《秋风词》《菩萨蛮》《忆秦娥》等。李白的词，无论是开创意义，还是艺术成就，均在词史上享有极高的地位。李白，被后人誉为“词的开山之祖”。

【15】 据历史记载，李白不仅文采斐然，而且剑术高明。唐朝文宗御封李白的诗歌、裴旻的剑舞、张旭的草书为唐代“三绝”。虽然“三绝”中没有李白的剑术，但据历史传说，其剑术之高也仅在裴旻之下，居唐朝第二。

李白的诗歌对后代产生了极为深远的影响，中唐的韩愈、李贺，宋代的苏轼、陆游，明清的高启、龚自珍等著名诗人，都受到李白诗歌思想的影响和艺术的滋养。

附录

将进酒

唐·李白

君不见，黄河之水天上来，奔流到海不复回。

君不见，高堂明镜悲白发，朝如青丝暮成雪。

人生得意须尽欢，莫使金樽空对月。

天生我材必有用，千金散尽还复来。

烹羊宰牛且为乐，会须一饮三百杯。

岑夫子，丹丘生，将进酒，杯莫停。

与君歌一曲，请君为我倾耳听。(倾耳听 一作：侧耳听)

钟鼓馔玉不足贵，但愿长醉不复醒。(不足贵 一作：何足贵；不复醒 一作：不愿醒/不用醒)

古来圣贤皆寂寞，惟有饮者留其名。(古来 一作：自古；惟通：唯)

陈王昔时宴平乐，斗酒十千恣欢谑。

主人何为言少钱，径须沽取对君酌。

五花马，千金裘，呼儿将出换美酒，与尔同销万古愁。

杜甫

杜甫（712—770），字子美，河南巩县（今河南巩义）人，杜甫曾祖父杜依艺由湖北襄阳赴任巩县县令，举家迁入巩县。历祖父杜审言、父亲杜闲，再到杜甫，杜家在巩县已是四代 85 年。京兆杜氏分支之一的襄阳杜氏，后徙河南巩县。自号少陵野老，唐代伟大的现实主义诗人，与李白合称“李杜”。

杜甫在中国古典诗歌中的影响非常深远，被后人称为“诗圣”，他的诗被称为“诗史”。后世称其杜拾遗、杜工部，也称他杜少陵、杜草堂。

杜甫创作了《春望》《北征》，《三吏》《三别》等名作。共有约 1 500 首诗歌被保留了下来，大多集于《杜工部集》。

现实才杰杜甫翁

[1]
唐代文学诗高峰，现实才杰杜甫翁。

[2]
年少独自游吴越，稍长与白齐越奔。

[3]
继祖承宗博六经，济世忧黎气纵横。

[4]
奉儒守官操素业，赴试献赋叩仕门。

[5]
奸相弄权仕途塞，自荐无果长安困。

[6]
始知致君尧舜艰，才觉难感帝王尊。

[7]
安史叛乱主仓惶，国危民难公睹闻。

[8]
成都草堂两回居，夔州果园暂栖身。

[9]
思乡心切出峡行，江舟长逝终一生。

[10]
杜工部集一千五，沉郁顿挫艺绝伦。

[11]
炼字炼句炼意象，品人品物品乾坤。

[12]
当临绝顶胸襟宽，一览众山大器成。

[13]
三吏吏呼面颜汹，三别民诉苦楚深。

[14]
广厦千万庇寒士，落木萧萧长江滚。

[15]
诗中哲理涵大义，笔底波澜盖海声。

[16]
少陵诗史光千丈，子美脊梁万世存。

注释

杜甫，唐代伟大的现实主义诗人，被后人称为“诗圣”。全诗共十六联，记述了杜甫游历、献赋、求仕、惜民、著诗的主要经历和重要事迹，歌颂了他忧国忧民的崇高精神和为中国诗文化做出的伟大贡献。

【1】唐代文学，诗是高峰。在唐代，出现了一大批风格独特、个性张扬的诗人。其中，杜甫是诗坛现实主义的杰出代表，他的诗，被后人称为“诗史”。

【2】杜甫，自小好学，七岁能诗。二十岁时，独自漫游吴越，历时数年。稍长一点，开始齐赵之游。在这次漫游中，与李白两次相会，曾一起寻仙访道，谈论诗文，结下了“醉眠秋共被，携手日通行”的友谊。

【3】杜甫生活于唐朝由盛转衰的历史时期，出生于一个家学渊博的家庭。他继承祖辈的要求，博学六经，打下了厚实的文化修养。同时，他看到了社会的黑暗和官场的腐败，从小就有“济世忧黎”的思想和为国出力的志向。

【4】杜甫由于出生在一个世代“奉儒守官”的官僚世家，所以他把做官看作是家族的“素业”——世代相袭的职业。公元747年，杜甫参加了唐玄宗诏天下“通一艺者”的长安应试，

结果落选。于是他客居长安十年，奔走献赋，但郁郁不得志，过着贫困的生活。

【5】 公元751年，杜甫献上《大礼赋》，得到唐玄宗的赏识，却因主试者李林甫的弄权，仍然没有官职。这样，由于“自荐无果”、仕途不通，杜甫受困长安，无法实现自己的政治理想。

【6】 杜甫渴望通过仕途，建功立业，实现自己的理想抱负。但是，十年的长安受困，使他的理想化为了泡影。由于这段经历，杜甫认识到，“致君尧舜艰，难感帝王尊”，终于使他变成了一个忧国忧民的诗人。

【7】 公元755年，安史之乱爆发。第二年六月，潼关失守，唐玄宗仓皇西逃。七月太子李亨唐肃宗即位。在这次国危民难的经历中，杜甫进一步看到了社会的黑暗和政治的腐败，无时无刻不在忧国忧民。在此期间，他写了许多诗篇，如不朽史诗——《三吏》《三别》，表达了自己的爱国热情。

【8】 公元759年，杜甫几经辗转，最后到了成都，建成一座草堂，世称“杜甫草堂”。但不久便离开，全家寄居在四川奉节县。公元760年，杜甫回到草堂，在秋风暴雨中，写下了名篇《茅屋为秋风所破歌》。

公元765年，杜甫离开成都，在夔州都督柏茂林的照顾下，为公家看管公田一百顷，买果园四十亩，和家人参加了一些劳动。这一时期，杜甫作诗四百三十多首，达到了创作高潮。

【9】 公元778年，杜甫思乡心切，乘舟出峡，先到江陵，又转公安，最后又漂泊到湖南岳阳。这段时间，生活困难，又受惊吓，杜甫终于在一条小船上病倒、去世，时年五十九岁。

【10】杜甫诗歌现存一千四百零五篇，编为十八卷，题为《杜工部集》。他的诗歌以古体、律诗见长，风格多样，具有“沉郁顿挫”的风格，而又以沉郁为主。杜甫诗歌名篇众多，技艺精湛绝伦。

【11】杜甫诗歌，“沉郁顿挫”，语言和篇章结构富于变化，讲求炼字炼句炼意象，具有个性化。同时，杜甫诗歌能够“品人品物品乾坤”，在他的笔下，古塞、秋云等自然景观，织女、老妇等普通百姓，官吏、将军等权贵势力，都能品出人的“性”、品出物的“味”、品出社会的“结”，达到别人难以企及的高度。

【12】杜甫身处唐朝盛世末期，他的诗句“会当凌绝顶，一览众山小”，充分表现了他宽阔的胸襟、大器的眼光。尽管由于安史之乱爆发，国运衰微，加上他的仕途不济、命运多舛，但从总体来看，他的诗歌始终保持着原有的胸襟和眼光。

【13】杜甫越到后期，越是关心国家，关心人民，在他的诗歌创作中，体现着忧国忧民的思想和情怀。读了他的“三吏”——《新安吏》《石壕吏》《潼关吏》，就看到了官吏的残酷和凶暴；读了他的“三别”——《新婚别》《垂老别》《无家别》，就看到了人民的不幸和苦难。

【14】杜甫的诗歌中，有许多的名篇名句，如《茅屋为秋风所破歌》中的“安得广厦千万间，大庇天下寒士俱欢颜”，又如《登高》中的“无边落木萧萧下，不尽长江滚滚来”，都是千古绝唱。

【15】唐朝诗坛，流传下来诗篇最多的是杜诗。杜甫由于

经历了唐代由盛转衰的历史巨变，因此他的作品充分表现了儒家仁爱精神和强烈的忧患意识，后人把他的作品称为世上疮痍，诗中圣哲；民间疾苦，笔底波澜，达到了“涵天义”“盖海声”的境界。

【16】 杜甫诗歌，涉笔社会动荡、政治黑暗、人民疾苦，揭示当时社会的矛盾，记录底层百姓的苦难，是一部光辉史诗；杜甫一生忧国忧民，人格高尚，敢于揭露，勇于批判，是中华民族中的脊梁，是后人学习的光辉榜样。

登 高

唐 · 杜甫

风急天高猿啸哀，渚清沙白鸟飞回。
无边落木萧萧下，不尽长江滚滚来。
万里悲秋常作客，百年多病独登台。
艰难苦恨繁霜鬓，潦倒新停浊酒杯。

宋太祖

宋太祖赵匡胤（927—976），字元朗，宋朝开国皇帝。

赵匡胤在位期间，致力于统一全国。依据宰相赵普的“先南后北”策略，先后灭亡荆南、武平、后蜀、南汉及南唐等南方割据政权，至其胞弟宋太宗赵光义在位时，复灭亡吴越、漳泉及北汉后，方才完成统一全国大业。赵匡胤于 961 年及 969 年先后两次“杯酒释兵权”，解除禁军将领及地方藩镇的兵权，解决自唐朝中叶以来地方节度使拥兵自擅的局面；设立“封桩库”贮藏钱帛布匹，期能赎回被后晋高祖石敬瑭献给契丹的燕云十六州，但事未成而逝世。

盖世奇功归匡胤

[1]
五代纷争趋和平，盖世奇功归匡胤。

[2]
后周从军始立身，陈桥兵变帝业定。

[3]
先南后北天下计，四举四胜四海宁。

[4]
杯酒两次释兵权，文以靖国理念行。

[5]
郡县权力集中央，庙堂事决天子临。

[6]
修堤筑坝兴水利，重农促商富百姓。

[7]
厚禄养廉吏治澄，建隆之治社稷兴。

[8]
科场应试除积弊，贤能选择制度新。

[9]
收图藏书办学馆，尊孔崇儒传礼经。

[10]
文化盛世赵奠基，文人乐园宋经营。

[11]
治国立邦力躬亲，安家修身心正清。

[12]
律己施仁赏勋臣，戒奢从俭爱庶民。

[13]
不近声色远犬马，宋祖堪为帝中英。

注释

宋太祖，中国历史上伟大的政治家、军事家，是北宋的开国皇帝。全诗共十三联，记述了宋太祖从军行、即帝位、平四海、释兵权、治天下、兴水利、除积弊、选贤能、办学馆、传礼经的主要经历和历史功绩，歌颂了他眼观大势、善用贤能、赏罚公正、节俭爱民、不近声色的治国智慧和崇高品质以及为中国文化发展做出的卓越贡献。

【1】 中国历史自唐末五代以来，藩镇割据，军阀混战。宋太祖赵匡胤重新恢复了华夏地区的统一，结束了长达七十多年社会动乱的局面，使饱经战火之苦的民众终于有了一个和平安宁的生产生活环境。

【2】 赵匡胤出身军人家庭，投军郭威后，屡立战功。公元951年，郭威称帝，建立后周。柴荣即位后，赵匡胤跟随其南征北伐，官位逐渐提升。公元959年，柴荣驾崩，年仅7岁的柴宗训继位，赵匡胤改任节度使、检校太尉。公元960年，赵匡胤发动陈桥兵变，夺取后周政权，正式登皇帝位，以宋为国号，定都开封，改元“建隆”。

【3】 赵匡胤建立北宋后，经过两年在政治、经济、军事等方面的准备，采用宰相赵普“先易后难、先南后北”的战略决策，经过“四战四胜”，先后灭亡了荆南、武平、后蜀、南汉以及南唐等割据政权，基本完成了统一全国的大业。

【4】 赵匡胤奉行“文以靖国”这一理念，通过两次“杯酒释兵权”，果断实行“右文抑武”的基本国策，采取尊孔崇

儒、完善科举、创设殿试、厚禄养廉等一系列重大措施，彻底扭转了唐末以来武夫专权的黑暗局面，使宋代的文化空前繁盛。

【5】 赵匡胤建立的宋朝政治机构，适应中央集权的需要，分为政事、军务和财政三大系统，相互平行，分别由皇帝直接统属。地方郡县权力集中到朝廷后，又进一步集中于皇帝。

【6】 公元962年，赵匡胤下令黄河沿岸修堤筑坝，并大量种树，以防洪之用，还对运河、汴河、蔡河等主要河流，进行了修整。同时，采取措施，一边加强农耕，减轻赋税徭役，发展农业经济；一边促进物资流通，繁荣市场，发展商贸经济。

【7】 赵匡胤在兴修水利、重农促商的同时，还加强吏治，整顿官场，实行厚禄养廉。这些有效的措施，不仅很快医治了200年的战争创伤，而且迅速把宋朝推向了空前繁荣的局面，出现了历史上享有盛名的“建隆之治”。

【8】 赵匡胤建国以后，充分吸取唐、五代时科场积弊的教训，在科举考试中采取了一系列防微杜渐的措施，如制定了锁院制度、弥封制度、誊录制度、别试制度等。这样，规范了试场行为，严肃了试场纪律。

【9】 赵匡胤奉行“文以靖国”的治国理念，十分重视图书建设。政府一面收集各种图书，一面修缮图书藏馆，几年后，官府藏书增至8万卷。同时，崇尚儒学，尊重孔孟，加强读经，促进文化教育的发展。

【10】 由于宋朝奉行“文以靖国”的治国理念和实行“右文抑武”的基本国策，因此国家的文化得到了高度发展，教育

的氛围得以空前浓厚，宋朝成为“文人的乐园”。

【11】 宋太祖赵匡胤具有完美的人格魅力，他心地清正，嫉恶如仇，宽容大度，虚怀若谷，勤政爱民，严于律己，不近声色，崇尚节俭，以身作则，不仅改变了五代以来的奢靡风气，而且对后代产生了深远的影响。

【12】 宋太祖赵匡胤，早年历经生活坎坷，后来“黄袍加身”，成了大宋的开国皇帝，他对自己和亲人严格要求，十分克俭，并以自己为榜样，努力改变社会风气，以解人民疾苦。他厚赏功勋大臣，使释兵权以后的武将都能得到该有的赏赐，安度余生。

【13】 中国帝王的历史上，能够崇尚节俭而不近声色、远离犬马的，大概比较突出的只有两人，一是隋朝的开国皇帝隋文帝杨坚，二是宋朝的开国皇帝宋太祖赵匡胤。其他不说，就凭这一点，宋太祖赵匡胤就称得上帝王中的“英杰”。

咏 史

宋 · 赵匡胤

天下攘攘百岁间，英雄出世笑华山。
南唐北汉归一统，朗月残星逐满天。
文治彬彬开盛世，武功赫赫震幽燕。
席间杯酒销王气，汴水流年咽露盘。

《宋史》节选

昔者尧舜以禅代，汤武王、以征伐，皆南面而有天下。四圣人者往，世道升降，否泰推移。当斯民涂炭之秋，皇天眷求民主，亦惟责其济斯世而已。使其必得四圣人之才，而后以其行事畀之，则生民奔驰之期，殆无日也。五季乱极，宋太祖起介胄之中，践九五之位，原其得国，视晋、汉、周亦岂甚相绝哉？及其发号施令，名藩大将，俯首听命，四方列国，次第削平，此非人力所易致也。建隆以来，释藩镇兵权，绳赃吏重法，以塞浊乱之源。州郡司牧，下至令录、幕职，躬自引对。务农兴学，慎罚薄敛，与世休息，迄于丕平。治定功成，制礼作乐。在位十有七年之间，而三百余载之基，传之子孙，世有典则。遂使三代而降，考论声明文物之治，道德仁义之风，宋于汉、唐，盖无让焉。乌呼，创业垂统之君，规模若是，亦可谓远也已矣！

范仲淹

范仲淹（989—1052），字希文，北宋著名的政治家、军事家、文学家。康定元年，担任陕西经略安抚招讨副使，采取“屯田久守”方针，巩固西北边防。庆历三年，出任参知政事，上疏《答手诏条陈十事》，提出十项改革措施。庆历五年，新政受挫，范仲淹被贬出京。皇祐四年，改知颍州，范仲淹扶疾上任直至逝世。

范仲淹政绩卓著，文学成就突出，他倡导的“先天下之忧而忧，后天下之乐而乐”思想和仁人志士节操，对后世影响深远。

先忧后乐文正公

[1]
心怀奇志天下重，先忧后乐文正公。
[2]
少投名师戚同文，博学儒家经典通。
[3]
登榜进士入仕途，扶母俸养姓归宗。
[4]
庙堂之高忧圣君，江湖之远虑民众。
[5]
万言书上秉公行，百官图献持正忠。
[6]
今褒明贬祸福里，朝升夕降荣辱共。
[7]
灵乌赋来梅力劝，灵乌赋回范诉衷。
[8]
宁鸣而死为民情，不默而生去苟同。
[9]
庆历新政开先声，旧势围讦一年终。
[10]
泰州修堰二百里，范公留堤后人颂。
[11]
苏城治水开五河，经画泽世元明用。
[12]
戍边西北固堡寨，御敌西夏守为攻。
[13]
将出狄青种世衡，疆现和平立边功。
[14]
奉诏兴学贮人才，地方馆堂春笋涌。

[15]
推荐名师并经实，教育免费史启动。

[16]
宋学开山树新风，士林领袖艺多种。

[17]
政论哲义与诗词，倡实合时不言空。

[18]
岳阳楼记千古读，堂堂范公万世雄。

注释

范仲淹，北宋著名的政治家、军事家、文学家。全诗共十八联，记述了范仲淹博学、入仕、理政、革新、御敌、兴学的主要经历和杰出事迹，歌颂了他仁人志士的节操和“先天下之忧而忧，后天下之乐而乐”的精神，以及为中国文学做出的伟大贡献。

【1】 范仲淹先祖是唐朝宰相范履冰，世居邠州。父亲范墉早年在吴越为官，北宋建国后追随吴越王归降大宋。父亲去世后，母亲贫困无依，改嫁他人，范仲淹改名朱说。在北宋大臣中，范仲淹心怀奇志，先忧后乐，以天下为重，在历史上享有美好的名声。

【2】 范仲淹稍长，从母亲那里得知家世，伤感不已。少年求学，投师戚同文门下。数年寒窗生涯后，他已经博通儒家经典的要义，有慷慨济天下的抱负。

【3】 公元1015年，范仲淹以“朱说”之名登榜，由“寒儒”成为进士，官居九品。于是，他把母亲接来俸养，不久官

位提升，便归宗复姓，恢复范仲淹之名。

【4】 范仲淹登榜入仕以后，时刻想到国家和人民，时刻想到建功和立业，真正做到“居庙堂之高则忧其民，处江湖之远则忧其君”。

【5】 公元1028年，范仲淹向朝廷上疏万言的《上执政书》，奏请改革吏治，裁汰冗员，安抚将帅，得到了宰相王曾和仁宗皇帝的赏识。公元1036年，范仲淹因不满宰相吕夷简把持朝政，培植党羽，任用亲信，向仁宗皇帝敬献《百官图》，劝说皇帝制定制度，亲掌官吏升迁之事。

【6】 范仲淹在朝廷绝不阿谀奉承，只要有益于朝廷社稷之事，他都能挺身而出，秉公直言，因而得罪了不少权贵和佞臣，经常处于“今褒明贬”“朝升夕降”的境地。但他仍坚持真理，不怕杀身之祸。

【7】 范仲淹因上谏被多次贬谪，朝廷大臣梅尧臣作文《灵乌赋》，力劝范仲淹少说话、少管闲事、自己逍遥就行。范仲淹回作《灵乌赋》，诉说自己的衷言。

【8】 范仲淹在《灵乌赋》中，强调自己“宁鸣而死，不默而生”，充分表现了他的不怕权贵、敢于直言的无畏精神和为国着想、为民请命的凛然大节。

【9】 公元1043年，范仲淹上疏《答手诏条陈十事》，被仁宗皇帝采纳、颁布，于是“庆历新政”启动。公元1044年，范仲淹又上疏“七事”，改革广度和深度进一步增加。新政实施后，由于守旧派的围攻，仅一年多就以失败而告终。

【10】 公元1021年，范仲淹在泰州为官，修堰二百余里，防止海水倒灌，保护了良田。范仲淹修堰的事迹，被后人广为

传颂，在他的政绩上留下了厚重的一笔。

【11】 公元 1034 年，苏州地区江湖泛滥，积水不退，良田被淹，农耕失收，百姓饥馑。范仲淹上任苏州后，根据水性与地理环境，开出“五河”，解决水患问题。范仲淹的苏州治水建树，不仅获得时舆的赞扬，还恩泽后世，被元、明两朝的职守所用。

【12】 公元 1040 年，范仲淹奉调西北前线，担任边防主帅。他针对西北地区的特点，提出了“积极防御”的守边方略，既修筑城寨，又训练军队，以达到以守为攻、御敌西夏的目的。

【13】 范仲淹在西北担任主帅时，能根据敌情选择将帅，使军队面貌焕然一新，作战能力大大提高。在当时的西北军，既涌现出了如狄青、种世衡等名将，又出现了一批强悍敢战的士兵，成为宋朝的一支劲旅，保卫了西北边疆的和平。

【14】 范仲淹继承和发展了儒家正统的教育思想，把“兴学”当做是培养人才、救世济民的根本手段。庆历年间主政时，奉诏着力改革科举考试制度，完善教育系统，加强学堂管理，使地方学堂如雨后春笋般地涌现。

【15】 范仲淹在师资选择上，提倡明师执教、经实并重；在教学内容上，提倡“宗经”，同时兼授算学、医药、军事等知识，为国家培养各种人才。范仲淹晚年对族中子弟实行免费教育，开启了中国古代基础教育阶段免费教育的新风尚。

【16】 范仲淹不仅是北宋著名的政治家和军事家，还是一位卓越的文学家和教育家。作为宋学开山、士林领袖，他开风气之先，文章论议，崇尚经学；并以其人格魅力言传身教，悉心培养和选拔人才。

【17】 范仲淹反对宋初文坛的柔靡文风，提出了宗经复古、文质相救、厚其风化的文学思想。他的作品，无论是散文还是诗词，都忠于生活现实，符合时事，不为空言，具有深刻的哲义。

【18】 范仲淹的作品，一是散文，陈述时政，逻辑严密；二是诗词，意淳语真，手法多样。他的诗文中，有许多名篇和名句，《岳阳楼记》是千古名篇，其中“先天下之忧而忧，后天下之乐而乐”为千古名句。范仲淹的作品，无论是名篇还是名句，都表现了他远大的志向和崇高的境界。

附录

岳阳楼记（节选）

宋·范仲淹

嗟夫！予尝求古仁人之心，或异二者之为。何哉？不以物喜，不以己悲；居庙堂之高则忧其民；处江湖之远则忧其君。是进亦忧，退亦忧。然则何时而乐耶？其必曰：“先天下之忧而忧，后天下之乐而乐”乎。噫！微斯人，吾谁与归？

苏轼

苏轼（1037—1101），字子瞻，又字和仲，号东坡居士，自号道人，世称苏仙。北宋眉州眉山（今属四川省眉山市）人。宋代重要的文学家，宋代文学最高成就的代表。宋仁宗嘉祐（1056—1063）年间进士。

其诗题材广阔，清新豪健，善用夸张比喻，独具风格，与黄庭坚并称“苏黄”。词开豪放一派，与辛弃疾同是豪放派代表，并称“苏辛”。又工书画。有《东坡七集》《东坡易传》《东坡乐府》等。

宋朝文坛第一人

[1]
揽集众艺于一身，宋朝文坛第一人。
[2]
初仕才露动京师，回首已陷朋党争。
[3]
乌台诗案平空起，文字冤狱险丧生。
[4]
仕途跌宕豁达行，宦海浮沉性率真。
[5]
居官立殿放眼量，游江走湖拓耳闻。
[6]
褒贬丛里多奇思，福祸林间创作丰。
[7]
词作改向脱艳科，诗词同源破卑尊。
[8]
壮阔审美立新说，豪放飘逸开先锋。
[9]
诗诵淋漓批陋习，歌吟酣畅抨弊政。
[10]
纵情挥洒秋如意，触手拈来巧成春。
[11]
文崇韩欧文道并，文理自然内涵深。
[12]
活叙精议石钟山，雄辨纵横留侯论。
[13]
辞赋融文有诗意，前后赤壁世传存。
[14]
骈散合用格独具，情景兼备名篇称。

[15]
书法求新不践古，　百家贯通体自成。
[16]
擅长行书与楷体，　与人并为四家生。
[17]
绘画力主外有情，　下笔器重里含神。
[18]
倡导清新与天工，　奉行诗画源一本。
[19]
美食精品世间传，　东坡红肉至今蒸。
[20]
治政廉洁法纪明，　理业亲民图公正。
[21]
西湖建立三潭塔，　任地修筑三堤埂。
[22]
海南办学崇文化，　儋州遗址东坡村。
[23]
六十五岁卒常州，　谥号文忠高宗赠。
[24]
千古倜傥苏子瞻，　万世流芳艺中圣。

注释

苏轼，宋代著名的文学家，宋代文学最高成就的代表。全诗共二十四联，记述了苏轼博学、入仕、从政、浮沉、创作的主要经历和杰出事迹，揭示了他行豁达、性率真的性格特征，歌颂了他多奇思、善创新的超人智慧，赞扬了他在中国文学上的伟大贡献。

【1】 北宋王朝由于奉行“文以靖国”的理念，使国家成了

文人的乐园，从而出现了一大批才华横溢、创作丰厚的文学家。其中，苏轼无疑是杰出的代表，是集多艺于一身的散文家、诗词家、书法家。

【2】 公元1037年1月8日，苏轼出生于眉州眉山，是初唐大臣苏味道之后。苏轼的父亲苏洵晚年发奋，取得功名。公元1056年，苏轼首次出川赴京，参加科举考试，才露京城，获得主考官欧阳修的赏识。因父亲苏洵病逝，苏轼和弟弟苏辙扶柩还乡，守孝三年。而后苏轼还朝，适逢王安石变法，陷入了朋党之争。

【3】 公元1079年，苏轼调任湖州。上任后，他给皇上写了一封《湖州谢表》，这本是例行公事，但苏轼是诗人，笔端生情，带点个人色彩，因此被新党抓住辫子。苏轼于是被捕，解往京师，险些丧生。这就是北宋著名的“乌台诗案”。

【4】 苏轼入仕从政，适逢朋党之争，尽管聪明绝顶、才华横溢，但屡遭不幸，在仕途中跌宕，在宦海中浮沉，多次大起大落，甚至危及生命。但由于苏轼豁达大度，性格率真，“拿得起，放得下”，因此没有被“摧垮压沉”。

【5】 苏轼入仕从政，“居宫立殿”，经常遭受新旧两派的攻击和诽谤，但眼量大、胸襟宽，镇定自若；“游走江湖”，环境险恶，生活艰苦，但善于适应，拓展耳闻，积累创作的素材。

【6】 苏轼一生，始终人处“褒贬丛里”，身在“祸福林间”。而正因为如此，丰富了他的人生经历、经验，能够“多奇思”“创作丰”，为后人留下了众多的精神财富。

【7】 苏轼在词的创作上取得了非凡的成就，就一种文体自身的发展而言，他词的贡献又超过了他的文和诗。苏轼对词进

行了全面的改革，突破了词为“艳科”的传统格局，提高了词的文学地位——诗词同源，没有尊卑。

【8】 苏轼为了使词的美学品位真正能够与诗并驾齐驱，提出了词须“自是一家”的创作主张，努力追求词作壮美的风格和阔大的意境，开了词豪放飘逸的先河。苏轼的《念奴娇·赤壁怀古》就是他这方面的代表作。

【9】 苏轼一生宦海浮沉，奔走四方，生活阅历极为丰富。苏轼的文学作品又以诗歌最为淋漓酣畅。在二千七百多首的诗作中，有许多是“批陋习、抨时政”之作，表现了他对社会问题的看法和批判意识。

【10】 苏轼学博才高，对诗歌艺术技巧的掌握达到了得心应手的纯熟境界，并以翻新出奇的精神对待艺术规范，可谓“纵情挥洒秋如意，触手拈来巧成春”。苏诗的表现力是惊人的，在苏轼笔下几乎没有不能入诗的题材。

【11】 苏轼的文学思想是文道并重。他推崇韩愈和欧阳修对古文的贡献，主张文章应像客观世界一样，文理自然，姿态横生，艺术风格应多样化和生动性，反对千篇一律的统一文风。

【12】 苏轼擅长写议论文。他的史论有浓重、雄辩的纵横家特点，能翻新出奇，表现出高度的论说技巧，不少作品成为当时士子参加科场考试的范文，如《留侯论》《平王论》等。苏轼的史论和政论表现了其非凡的才华，而杂说、书札、序跋等议论文，也不仅善于翻新出奇，而且能活叙精议，更体现了美文的性质，如《石钟山记》《记承天寺夜游》等。

【13】 苏轼的词赋也取得了很高的成就。他的词赋继承了

欧阳修的传统，更多地融入了古文的疏宕萧散之气，吸收了诗歌的抒情意味，从而青出于蓝而胜于蓝，创作了千古名篇《赤壁赋》和《后赤壁赋》。

【14】 苏轼的《赤壁赋》沿用赋体主客问答、抑客伸主的传统格局，抒写了自己的人生哲学，同时也描写了长江月夜的优美景色。全文骈散并用，情景兼备，堪称优美的散文诗。

【15】 苏轼在书法上也有很高的成就。他曾经遍学晋、唐、五代的各位名家之长，再将他们的书写长处和创作风格融会贯通，然后自成一家。苏轼曾自称其书法："自出新意，不践古人。"

【16】 苏轼擅长写行书、楷书，与黄庭坚、米芾、蔡襄并称为"宋四家"。苏轼一生屡经坎坷，致使他的写作风格跌宕起伏。

【17】 苏轼擅长画墨竹，且绘画重视神似，主张画外有情，画要有寄托，反对形似，反对程序的束缚。

【18】 苏轼善于学习前人的绘画理论，同时能结合自己的实践，提出了"诗画本一律，天工与清新"的创作观，而且明确提出了"士人画"的观念，对以后"文人画"的发展奠定了理论基础。

【19】 在中国历史上，苏轼还是美食家，宋人笔记小说中有许多苏轼发明美食的记载。苏轼曾指点家人将猪肉切成方块，烧得红酥，然后分给大家吃，这就是至今流传的"东坡肉"。

【20】 苏轼无论在朝廷辅主，还是在地方任职，都能廉洁从政，亲自理业，依据法度，处事公正，尊重帝王，爱护百姓，在历史上留下深远的影响。

【21】 苏轼任职杭州时；曾组织百姓疏浚西湖，恢复旧观，并在湖水最深处建立三塔（今三潭映月）作为标志。同时他把挖出的淤泥筑成一条纵贯西湖的长堤，简称“苏堤”。据历史记载，“东坡处处筑苏堤”，苏轼一生共筑过三条苏堤。

【22】 公元1097年，苏轼被一叶孤舟送到了荒凉之地海南儋州。苏轼到了海南儋州后，举办学堂，加强文化教育，并取得了显著的成效——苏轼北归后，这里就有人中举。在儋州至今流传东坡村、东坡井、东坡田等，表现了人们的缅怀之情。

【23】 公元1100年，朝廷大赦，苏轼奉命从永州北归。次年，卒于常州，享年65岁。其子遵嘱他生前的要求，将他灵柩运至汝州郏县安葬。宋高宗即位后，追赠苏轼为太师，谥号“文忠”。

【24】 苏轼一生，在文、诗、词三方面都达到了极高的造诣，是一位天才的文学巨匠。而且苏轼的创作活动不局限于文学，他在书法、绘画等领域内的成就都很突出，对医学、烹饪、水利等技艺也有所贡献。在他的身上，典型地体现了宋代文化的精神。苏轼是后代文人景仰的范式，其智慧和形象永远活在人民的心中。

附录

念奴娇·赤壁怀古

宋·苏轼

大江东去，浪淘尽，千古风流人物。故垒西边，人道是，三国周郎赤壁。乱石穿空，惊涛拍岸，卷起千堆雪。江山如画，一时多少豪杰。

遥想公瑾当年，小乔初嫁了，雄姿英发。羽扇纶巾，谈笑间，樯橹灰飞烟灭。故国神游，多情应笑我，早生华发。人生如梦，一尊还酹江月。

赤壁赋（节选）

宋·苏轼

壬戌之秋，七月既望，苏子与客泛舟游于赤壁之下。清风徐来，水波不兴。举酒属客，诵明月之诗，歌窈窕之章。少焉，月出于东山之上，徘徊于斗牛之间。白露横江，水光接天。纵一苇之所如，凌万顷之茫然。浩浩乎如冯虚御风，而不知其所止；飘飘乎如遗世独立，羽化而登仙。

于是饮酒乐甚，扣舷而歌之。歌曰："桂棹兮兰桨，击空明兮溯流光。渺渺兮予怀，望美人兮天一方。"客有吹洞箫者，倚歌而和之。其声呜呜然，如怨如慕，如泣如诉，余音袅袅，不绝如缕。舞幽壑之潜蛟，泣孤舟之嫠妇。

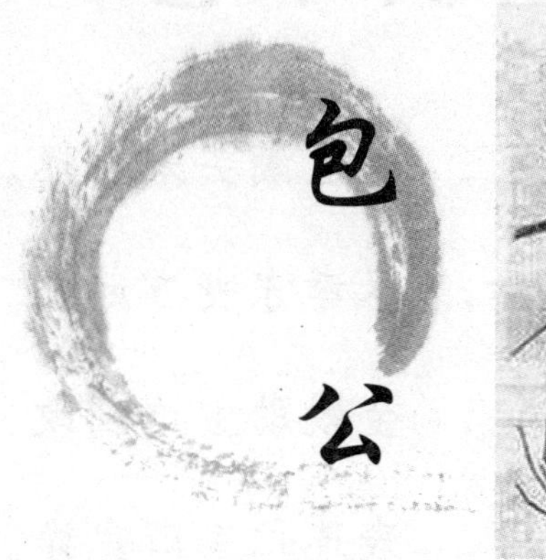

包公

包拯（999—1062），字希仁，庐州合肥（今安徽合肥肥东）人，北宋名臣，以清廉公正闻名于世。曾任天章阁待制，人称“包待制”，后为龙图阁直学士，故后人亦称“包龙图”，卒赠礼部尚书，谥孝肃。有《包孝肃公奏议》传世。

包拯廉洁公正、立朝刚毅，不附权贵，铁面无私，且英明决断，敢于替百姓申不平，故有“包青天”及“包公”之名，京师有“关节不到，有阎罗包老”之语。后世将他奉为神明崇拜，认为他是文曲星转世，由于民间传其黑面形象，亦被称为“包青天”“包黑炭”。

独立潮头宋包拯

[1]
华夏古国多名臣，独立潮头宋包拯。
[2]
登第辞官赡父母，尽孝守丧方赴任。
[3]
高堂侍君肃纲纪，金殿助主治朝政。
[4]
谏频权佞誉包弹，表连仁宗日吏诤。
[5]
弹免王逵阎士良，劾下宰相贵妃人。
[6]
江东三虎秉公荐，七事建言情理正。
[7]
地方执事法严峻，州县理案廉洁称。
[8]
慎思细虑明曲直，速断立决快准狠。
[9]
权知开封改诉讼，纳状接纸开正门。
[10]
疏浚蔡河去水患，拆楼毁园贪官惩。
[11]
履职端州破潜规，掷砚一怒史留声。
[12]
巡察陈州除折变，放粮赈灾动心魂。
[13]
莅位庐州行大义，挞舅灭亲警友朋。
[14]
刻石立碑著家训，犯脏滥者非吾孙。

[15]
京师大理政令通，宦戚皆惮安都城。
[16]
希仁谢世朝野惊，万众尽悼敬灵神。
[17]
人民笑比黄河清，百姓企盼龙图生。

注释

包拯，北宋名臣，在历史上享有清廉公正的美名。全诗共十七联，记述了包拯的入仕、侍君、弹佞、荐贤、执法、惩恶、赈灾、灭亲、立训的主要经历和优秀事迹，歌颂了他不畏权贵、刚正不阿的崇高品质和上辅君主、下为百姓的伟大精神。

【1】华夏古国，名臣众多，在唐代，有辅助一代英明帝王唐太宗的谏臣魏征；在宋代，有辅助一代仁帝宋仁宗的铁面包拯。

【2】公元1027年，包拯登第，被授任为大理评事，出任建昌知县。因父母年迈，包拯辞官不任。几年后，他的父母相继去世，守丧期满后，在父老乡亲的劝慰下，才去吏部接受调选，担任天长知县。

【3】从公元1041年起，包拯职位逐渐提升，进入朝廷。包拯在朝廷辅助君主，治理朝政，严肃纲纪，多次斥责权贵，弹劾得宠大臣；曾递上魏征的三条奏疏，希望放在帝王座位右侧，作为君主的借鉴。

【4】包拯以廉洁著称，执法严峻，不畏权贵，被人誉为“包弹”。包拯多次连表上谏，甚至直指仁宗。其言激切刚直，

朝野震动，被人称为“吏诤”。

【5】 包拯通过上奏，曾弹免了残害人民的酷吏王逵、监守自盗的仁宗亲信太监阎士良，弹下了权贵女婿郭承祐和仁宗张贵妃的伯父张尧佐等人。

【6】 包拯对有才干有政绩者，则能秉公力荐，如“江东三虎”因严惩贪赃枉法的官吏，得罪了守旧权臣，被降职。包公不为政派所囿，极力主张复用三人，终于使“江东三虎”得到了重用。

【7】 包拯在历史上，尤为称道的是其断讼执法的明敏正直。他在地方任官，州县理案，执事公正，以法处置，严峻廉洁，深受人民群众的好评。

【8】 包拯在接受诉讼后，都能慎思细虑，一旦了解清楚，明白曲直，便马上断案，做到快、准、狠，打击社会恶势力，保护百姓利益。如包公曾遇一案，某日有一农人状告歹徒割去其家耕牛的舌头，请求捉拿罪犯。包拯感到此事必属冤家的报复行为，设法引出罪犯，而后一举抓捕，侦破疑案。

【9】 包拯在开封府时，重视整顿吏风，改革诉讼制度。开封府旧制，凡告状者，必须先将状纸交给守门的府吏，再由府吏转呈。包拯感到其中存在敲诈勒索的行为，于是革除此弊，大开正门，使告状者可以直奔公堂，进行申冤。这样能使接案、审案更加合理公正。

【10】 包拯在开封府时，还重视疏浚惠民河。惠民河也称蔡河，原自东京至通许，直达淮河。时惠民河常涨水为患，给人民带来苦难。包拯查知河水泛滥的原因后，毅然下令，将所有跨河修建的楼台、花园、水榭全部拆毁，使河水得以畅通；

同时上表弹奏，严惩贪官。

【11】 端州以产砚著名，端砚历来是文人士大夫寻觅的珍品，包拯任职端州时，不仅革除了诸前任在“贡砚”数额之外加征数十倍，以中饱私囊和贿赂权贵的流弊，而且任满离去时“不待一砚归”。1973 年，合肥清理包拯墓时，仅发现一方普通砚台，令人赞叹不已。

【12】 包拯巡察陈州，发现当地官吏歪曲政策“折变”盘剥灾民的罪行，于是上奏朝廷，严加惩处。包拯的这些事迹被石玉昆写进了《三侠五义》，演绎了人们家喻户晓、惊心动魄的包公戏《陈州放粮》。

【13】 庐州是包拯的家乡，他出任知州时，他的亲朋故友多以为可得其庇护，干了不少仗势欺人，甚至扰乱官府的不法之事。时恰有一从舅犯法，包拯大义灭亲，在公堂上将其依法责挞一顿，以示警诫。自此以后，亲朋故友不敢胡作非为。

【14】 包拯虽地位高贵，但生活朴素。他曾著家训：“后世子孙仕宦者有犯赃滥者，不得放归本家；亡殁之后，不得葬于大茔之中。不从吾者，非吾子孙。仰珙刊石，竖于堂屋东壁，以诏后世。”充分表现了包拯清正刚直的品质。

【15】 宋朝东京多皇亲国戚、达官显贵，素以难以治理著称，而包拯“立朝刚毅”，将都城治理得“令行禁止”。也正因他执法严峻，不徇私情，因此“贵戚宦官为之敛手，闻者皆惮之”。

【16】 包拯以其政绩和品行为人爱戴，因而当他去世时，朝野震惊，全城尽悼，“京师吏民，莫不感伤”。现藏开封博物馆的北宋《开封府题名记》碑，上刻 183 位开封知府的姓名和

上任年月，而包拯的名字已被磨去，据说这是由于人们敬仰包拯而经常用手抚摸的结果。

【17】 包拯在社会享有盛誉，人们广泛传诵他的事迹，以"包拯笑比黄河清"。宋以后，一直到今天，以包拯为主题的故事和戏曲、电影、电视层出不穷，反映了人们对包拯的喜爱和敬仰、企盼和歌颂。

附录

书端州郡斋壁

宋·包拯

清心为治本，直道是身谋。
秀干终成栋，精钢不作钩。
仓充鼠雀喜，草尽兔狐愁。
先哲有遗训，毋贻来者羞。

岳飞

岳飞（1103—1142），字鹏举，宋相州汤阴县（今河南安阳汤阴县）人，南宋抗金名将，中国历史上著名军事家、战略家，民族英雄，位列南宋中兴四将之首。

他于北宋末年投军，从 1128 年遇宗泽起到 1141 年为止的十余年间，率领岳家军同金军进行了大小一百二十六次战斗，所向披靡，“位至将相”。

在宋金议和过程中，岳飞遭受秦桧、张俊等人的诬陷，被捕入狱。1142 年 1 月，岳飞被诬“莫须有”的“谋反”罪名，与长子岳云和部将张宪同被杀害。宋孝宗时岳飞冤狱被平反，改葬于西湖畔栖霞岭。追谥武穆，后又追谥忠武，封鄂王。

居位第一岳飞公

[1]南宋中兴四英雄，居位第一岳飞公。

[2]少负气节学孙吴，熟习骑射师周侗。

[3]生有神力八百弩，练就奇艺三百弓。

[4]背刺尽忠报国志，辞母抗金从兵戎。

[5]投归宗泽为偏军，巧施野战露峥嵘。

[6]杜充撤京离建康，右相降敌叛大宋。

[7]鹏举始建岳家军，建康一役立奇功。

[8]平复襄六风猛烈，征剿洞庭波汹涌。

[9]北伐两度慑敌魂，誓反和议震殿宫。

[10]中原挺进荡兀术，欲捣虎窟府黄龙。

[11]十二金牌令班师，十年聚力果无踪。

[12]挥战一百二十六，常胜将军世传颂。

[13]群奸诬陷罗罪责，罪魁秦桧与高宗。

[14]莫须之有害忠良，天日昭昭地动容。

[15]
巍巍业绩照日月，凛凛气骨耀宇空。

[16]
抗日情寄岳王爷，御倭高唱满江红。

注释

岳飞，中国历史上著名军事家、战略家，民族英雄。全诗共十六联，记述了岳飞拜名师、学武艺、从军戎、荡金兵、建奇功的主要经历和杰出事迹，歌颂了他的凛凛气骨、巍巍业绩和崇高的民族精神。

【1】 中国历史上，南宋期间，出现了许许多多的英雄，其中岳飞、韩世忠、刘光世、张俊是杰出的代表，史称“南宋中兴四英雄”。岳飞在这四英雄中，由于战功赫赫、业绩辉煌，位于“中兴四英雄”之首。

【2】 公元1103年，岳飞生于河北西路相州汤阴县的一个普通农民家庭。少年岳飞为人深厚寡言，常负气节，喜读《左氏春秋》《孙吴兵法》等书，曾拜天下名师周侗为师，学习骑射，能左右开弓。

【3】 周侗病故后，岳飞又拜陈广为师，学习刀枪之法，武艺“一县无敌”。岳飞生有神力，不满20岁就能挽弓三百宋斤，开腰弩八石，时人认为是奇才。

【4】 公元1126年，金兵屡次南下，攻城夺地，杀戮百姓。岳飞目睹了金兵入侵后人民惨遭杀戮、奴役的情形，无比愤慨，决心投军。岳母姚氏深明大义，积极勉励岳飞“从戎报国”，还

为岳飞背上刺了“尽忠报国”四字。岳飞牢记母亲教诲，忍痛辞别，投身抗金前线。

【5】 岳飞投军后，其所在的部队隶属副元帅宗泽。岳飞成为宗泽的部将后，与金兵大战十多次，每战皆捷，建立奇功。由于岳飞英勇奋战，特别善于夜战，因此崭露头角，在军中的职位不断提升。

【6】 抗金名将宗泽死后，杜充继任。杜充为人残忍好杀，又缺少谋略，他置宗泽生前的计划于不顾，在与金兵交战中屡次败北。岳飞多次苦劝，杜充不听。宋高宗对杜充的失败不但不予追究，反而命他负责长江防务，升任右相。后来杜充投降了金兵。

【7】 杜充投敌，宋军纷纷溃败。溃军中一些北方将领不愿再战，欲推举岳飞为主帅，一同降金。岳飞假意应允，乘其不备，将他们击败。岳飞以此为机，开始建立岳家军。不久，在建康一战中，大胜金兵。于是，岳家军初露头角，且影响逐步扩大。

【8】 由于岳飞在抗金中屡立战功，宋高宗赐御书“精忠岳飞”，又将牛皋、董先等所部拨归岳家军，使岳家军兵力得到了扩充。不久，岳飞奉命收复了襄阳六郡，名震宋廷，成为当时最年轻的将领。公元1130年，岳飞征剿洞庭，大破杨幺，又建奇功。

【9】 之后，岳飞率军，参与两次北伐，大败金兵。可是就是这个节骨眼上，宋高宗开始重用秦桧，并派他与金国接通关系。岳飞与韩世忠等一批爱国将领对和议坚决反对，岳飞对高宗说：“夷狄不可信，和议不可恃。”高宗不听，与金国订立了

屈辱的和议。

【10】 公元1140年，金国撕毁和议，金帝完颜兀术亲率大军，进攻南宋。岳飞接诏后，率兵抵抗，在郾城等地大败金兵。完颜兀术在接连失败后，哀叹："自就我起北方以来，未有如今日之挫衄!"岳飞对部下说："今次杀金人，直到黄龙府，当与诸君痛饮!"不久，岳飞又在朱仙镇大败金兵，完颜兀术准备渡河北遁。

【11】 正当岳家军胜利在望之时，秦桧串通张俊、杨沂中等权臣，向高宗上疏，说："兵微将少，民困国乏，岳某若深入，岂不危也。愿陛下降诏，且令班师。"高宗遂降诏，连发十二道金牌，令岳飞班师。岳飞接到如此荒唐的命令，流着泪说："十年之力，废于一旦!"不得不下令班师。

【12】 岳飞自投军以来，身经大小战斗一百二十六次，每战必胜，所向披靡，战功赫赫，为保卫南宋王朝和人民的生命财产作出了不可磨灭的贡献。岳飞是中国兵家史上真正的常胜将军。

【13】 岳飞班师回朝，被罢免兵权。宋高宗秘密授意秦桧、张俊等人，罗织罪名，逮捕岳飞和他的儿子岳云以及部将张宪。岳飞面对审讯，义正词严，并袒露背上的旧刺"尽忠报国"四个大字，为主审官何铸动容。

【14】 秦桧等奸佞，用尽各种残酷手段，也无法使岳飞三人屈招一字。最后，这些历史罪人，竟以"莫须有"三字定罪，杀害岳飞、张宪、岳云。岳飞在供状上留下八字绝笔："天日昭昭，天日昭昭!"

【15】 岳飞的死讯传出，百姓都为之哭泣；消息传到金国，

金国大臣们为此酌酒庆贺。公元1162年，宋孝宗即位，岳飞冤狱终于得以平反昭雪。人们将岳飞的遗骨葬于西湖栖霞岭。公元1178年，宋廷追赠岳飞为“武穆”，后又追封为鄂王、忠武等。

【16】 岳飞虽然被杀害了，但他的凛凛气骨，永远光照天宇；他的巍巍业绩，永远日月悬空。岳飞为汉民族的文明绵延起了中流砥柱的作用。在中国人民的八年抗战中，人们高唱岳飞的《满江红》，以激励斗志，赴战疆场，消灭日寇，保卫中华。

附录

满江红

宋·岳飞

怒发冲冠，凭栏处，潇潇雨歇。抬望眼，仰天长啸，壮怀激烈。三十功名尘与土，八千里路云和月。莫等闲，白了少年头，空悲切。

靖康耻，犹未雪；臣子恨，何时灭！驾长车，踏破贺兰山缺。壮志饥餐胡虏肉，笑谈渴饮匈奴血。待从头，收拾旧山河，朝天阙。

文天祥

文天祥（1236—1283），初名云孙，字宋瑞，一字履善。自号文山、浮休道人。江西吉州庐陵（今江西省吉安市青原区富田镇）人，宋末政治家、文学家，爱国诗人，抗元名臣，民族英雄，与陆秀夫、张世杰并称为“宋末三杰”。

宝祐四年（1256 年）状元及第，官至右丞相，封信国公。于五坡岭兵败被俘，宁死不降。至元十九年（1282 年）十二月初九，在柴市从容就义。著有《文山诗集》《指南录》《指南后录》《正气歌》等。

天昭丹心留汗青

[1]
明知不为偏为强，宋继仲尼文天祥。

[2]
少有奇志为忠臣，初入学官师欧阳。

[3]
集英殿试擢第一，策论万言君褒奖。

[4]
蒙古犯境议迁都，谏斩权臣稳中央。

[5]
率军勤王卫京师，以羊搏虎浩气扬。

[6]
疏诛师孟无果回，苦战东南退余杭。

[7]
使元抗争皋亭山，斥贼卖国城镇江。

[8]
五坡岭下陷元军，崖山海边少帝殇。

[9]
元祖许官见绝笔，宋丞拒仕赴刑场。

[10]
一生飘絮思社稷，一世浮萍图救亡。

[11]
欲显仁义正气歌，经示风骨零丁洋。

[12]
知其不为千事明，知其为之万丈光。

[13]
天昭丹心留汗青，地撒碧血人格亮。

注释

文天祥，南宋末年政治家、爱国诗人、民族英雄。全诗共十三联，记述了文天祥的入仕、从政、进谏以及抗元的主要经历和优秀事迹，歌颂了他兵败被俘、宁死不降的民族气节和牺牲精神，以及为中国文学作出的伟大贡献。

【1】 在中国历史上，“明知不为偏为强”的代表人物有两个，一个是春秋战国的孔子，明知他的主张不为诸侯所用，但他坚持自己的信仰，周游列国，阐述自己的政治主张；一个是南宋末年的文天祥，明知当时南宋王朝腐朽黑暗，难以保持国体，但他坚持自己的志向，千方百计，组织力量，抵抗元军。

【2】 文天祥相貌堂堂，身材魁伟，眉清目秀。在孩提时，看见学宫中所祭祀的历史名人欧阳修、杨邦乂等的画像，谥号都是“忠”，就非常高兴，羡慕不已，说：“如果不成为其中的一员，就不是真正的男子汉。”

【3】 文天祥二十岁就考取进士，在集英殿答对论策。文天祥以“法天不息”为题议论策对，一万多字一气呵成。宋理宗皇帝亲自选拔他为第一名。

【4】 公元1259年，蒙古军队侵伐宋朝，宦官董宋臣对皇上说要迁都，没人敢说这是错的。文天祥入朝，上书“请求斩杀董宋臣，以统一人心”，因不被采纳，就自己请求免职回乡。

【5】 公元1275年，蒙古军继续南侵，长江上游告急，宋

帝诏令天下勤王。文天祥捧着诏书流涕哭泣，迅速联络各路英雄好汉，率军保卫京师。文天祥在蒙强宋弱的情况下，“以羊博虎”，气贯长虹。

【6】 公元 1275 年，文天祥率兵到临安，担任平江知府。此时，朝中刚刚提升吕师孟为兵部尚书。吕师孟获得提升后，傲慢骄横、放肆。文天祥上疏，要求处斩吕师孟，以鼓舞将士们的士气，但没有结果。文天祥奉命在东南苦战数月后，退守余杭。

【7】 宋王为了与元议和，派文天祥出使元营。文天祥与元丞相伯颜抗论皋亭山，辞色甚厉，执意不屈，遂被拘留。当时正好碰上宋左丞相吴坚、右丞相贾余庆等到元营送降表，文天祥见之，义正词严，痛斥他们的卖国行为，令元相伯颜闻之吐舌，赞叹不已。

【8】 在极端艰苦的条件下，文天祥召集残兵，继续抵抗元军，在五坡岭陷入元军包围、被俘，但他决不投降屈服。不久，宋军其他部队在时崖山被元军所围，宋军大败，主帅陆秀夫负少帝蹈海而死。文天祥获知后，哭以长诗，祭祀英魂。

【9】 文天祥被俘后，被元军押解燕京。当时，元世祖忽必烈多次派人劝降，遭到文天祥的拒绝。无奈，元世祖忽必烈亲自召见文天祥，进行劝说，并许以相位，也遭到文天祥的拒绝。公元 1283 年 1 月 9 日，文天祥被元统治者杀害，终年四十七岁。几天后，他的妻子欧阳氏收拾其尸体，见到了他留下的绝笔。

【10】 文天祥在被俘前，写下了千古绝唱《过零丁洋》，表达了他的心路历程和壮志豪情，其中有两句：“山河破碎风

飘絮，身世浮沉雨打萍。”文天祥虽一生飘絮，却始终想着社稷；虽一世浮萍，却一直图着救亡，可谓矢志报国，视死如归。

【11】 文天祥的千古绝唱《过零丁洋》，揭示了他的品格风骨；文天祥的千古名篇《正气歌》，揭示了他的仁义精神，为中华民族文化的发展作出了贡献。

【12】 文天祥生当南宋末世，南宋小朝廷偏安一隅，腐败无能，气数已尽，他虽有大志、大才，却无力回天、救亡。尽管如此，他依然将毕生精力乃至生命都献给了国家和人民。对当时的时势和局面，文天祥非常明确，因此他成为“明知不为偏为强”的典型代表，在历史上留下了光辉的形象。

【13】 文天祥不仅具有高尚的民族气节和视死如归的斗争精神，而且富有智慧，才气纵横，文能治国，武能用兵。他的精神和著作永载史册，他的意志和品格永励后人。

过零丁洋

宋 · 文天祥

辛苦遭逢起一经，干戈寥落四周星。
山河破碎风飘絮，身世浮沉雨打萍。
惶恐滩头说惶恐，零丁洋里叹零丁。
人生自古谁无死，留取丹心照汗青。

正气歌

宋 · 文天祥

天地有正气，杂然赋流形。下则为河岳，上则为日星。
于人曰浩然，沛乎塞苍冥。皇路当清夷，含和吐明庭。
时穷节乃见，一一垂丹青。在齐太史简，在晋董狐笔。
在秦张良椎，在汉苏武节。为严将军头，为嵇侍中血。
为张睢阳齿，为颜常山舌。或为辽东帽，清操厉冰雪。
或为出师表，鬼神泣壮烈。或为渡江楫，慷慨吞胡羯。
或为击贼笏，逆竖头破裂。是气所磅礴，凛烈万古存。
当其贯日月，生死安足论。地维赖以立，天柱赖以尊。
三纲实系命，道义为之根。嗟予遘阳九，隶也实不力。
楚囚缨其冠，传车送穷北。鼎镬甘如饴，求之不可得。
阴房阒鬼火，春院闭天黑。牛骥同一皂，鸡栖凤凰食。
一朝蒙雾露，分作沟中瘠。如此再寒暑，百疠自辟易。
嗟哉沮洳场，为我安乐国。岂有他缪巧，阴阳不能贼。
顾此耿耿在，仰视浮云白。悠悠我心悲，苍天曷有极。
哲人日已远，典刑在夙昔。风檐展书读，古道照颜色。

关汉卿（1219—1301），元代杂剧奠基人，我国历史上最伟大的戏剧家，“元曲四大家”之首。晚号已斋、已斋叟。解州人（今山西省运城）。

关汉卿以杂剧的成就最大，今知有 67 部，现存 18 部。最著名的是《窦娥冤》。关汉卿也写了不少历史剧，如《单刀会》《单鞭夺槊》《西蜀梦》等，散曲今在小令 40 多首、套曲 10 多首。他的散曲，内容丰富多彩，格调清新刚劲，具有很高的艺术价值，被誉为“曲圣”。

中华莎翁名汉卿

[1]
英邦戏俊姓莎翁，中国莎翁名汉卿。

[2]
生逢蒙族入中原，业就流亡知庶民。

[3]
博学多智创杂剧，六十七部世人惊。

[4]
窦娥冤里窦娥苦，救风尘中妓女辛。

[5]
鲁斋郎里天无光，望江亭中地无情。

[6]
单刀会里颂英雄，西蜀梦中鞭奸佞。

[7]
语汲民间流行词，言熔古典诗词精。

[8]
不务新巧求通俗，不事雕琢去涩病。

[9]
已斋散曲五十余，格调高雅语清新。

[10]
剧作名从蒸煮来，演绎技自捶炒兴。

[11]
戏种一百同登台，剧团一千共争鸣。

[12]
经典译著走世界，精品至臻全球赢。

[13]
元代杂剧奠基人，华夏戏圣冠古今。

注释

关汉卿，元代杂剧的奠基人，中国历史上伟大的戏剧家。全诗共十三联，记述了关汉卿的博学、创作、艺术风格和人生经历，歌颂了他为中国戏曲文化发展作出的杰出贡献。

【1】 在世界上，英国戏俊是莎士比亚，一生创作三十七部，在世界享有崇高的地位；中国的莎翁是关汉卿，一生创作六十七部，在中国乃至世界都有巨大的影响。

【2】 元是外族入主中原的一个朝代。它沿袭了封建主义的国家建制，却没有废除奴隶制的残规陋习。而就在这样一个特殊条件下，诞生了一批由北向南流亡的戏剧家，关汉卿就是其中的一员。或许，正是这样的政治条件和人生经历，才有了伟大的"曲圣"关汉卿。

【3】 关汉卿生性倜傥，博学能文，滑稽多智，行事风流，为一时之冠。他一生创作杂剧六十七部，无论质量还是数量，在中国历史上都是前无古人。

【4】 关汉卿的作品，大致可以分为三类：第一类，是歌颂人民的反抗斗争，揭露社会黑暗和统治者的残暴，反映当时尖锐的阶级矛盾的作品。如《窦娥冤》《蝴蝶梦》《鲁斋郎》等，其中最杰出的是《窦娥冤》。

第二类，是描写下层妇女的生活和斗争，突出她们在斗争中的勇敢和机智，如《救风尘》《望江亭》《金线池》等，其中《救风尘》是最杰出的作品。

第三类，是歌颂历史英雄的杂剧，如《单刀会》《西蜀梦》

等，其中《单刀会》是最杰出的作品。

【5】 杂剧《鲁斋郎》揭露了鲁斋郎在光天化日之下，强占人妻的罪恶，歌颂了包拯的清正；《望江亭》揭露了杨衙内好色与霸道，歌颂了谭记儿的机智和坚贞。

【6】 杂剧《单刀会》通过关羽单刀赴会的故事，歌颂了一个大义凛然、无所畏惧的英雄形象；《西蜀梦》通过关羽、张飞梦托刘备，要求他起兵报仇的故事，歌颂了关、张虽死犹生的气概，鞭鞑了卖身求荣、见死不救的奸佞小人。

【7】 关汉卿是一位杰出的语言艺术大师，他汲取大量民间生动的语言，熔铸精美的古典诗词，创造出一种生动流畅、本色当行的语言风格，真正做到了“人习其方言，事肖其本色”。

【8】 关汉卿杂剧的语言风格还表现在其不务新巧，不事雕琢，创造了一种富有特色的通俗、流畅、生动的语言。这种语言风格，几乎在他每一个剧本中都得到了较好的体现，尤其是《窦娥冤》。

【9】 关汉卿又是一位散曲作家，在元代散曲史上占有重要的地位。关汉卿散曲，现存套曲十多首、小令四十多首。这些关汉卿的套曲与小令，都格调高雅，语词清新。

【10】 关汉卿一生，作品众多，成就很高。他有一句名言：“我是个蒸不烂、煮不熟、捶不扁、炒不爆，响当当一粒铜豌豆。”他的作品，正是从蒸煮中来；他的演技，正是自捶炒中兴。

【11】 1958年，关汉卿被世界和平大会理事会定为世界文化名人，在中外展开了关汉卿创作700周年纪念活动。同年6月28日晚，国内至少有100种不同的戏剧形式，1 500个职业

剧团，同时上演关汉卿的剧本。

【12】 关汉卿的剧作被译为英文、法文、德文、日文等，在世界各地广泛传播，外国人称他为“东方的莎士比亚”。经过七百多年历史的考验，关汉卿在中国戏剧史和世界文化史上的地位，已被大家所公认。

【13】 关汉卿是中国文学史和戏剧史上一位伟大的作家，他一生创作了许多杂剧和散曲，成就卓越。他的剧作为元杂剧的繁荣与发展打下了坚实的基础，是元代杂剧的奠基人，是中国历史上的“曲圣”和“戏圣”。

附录

一枝花·不伏老

元 · 关汉卿

〔一枝花〕

攀出墙朵朵花，折临路枝枝柳。花攀红蕊嫩，柳折翠条柔，浪子风流。凭着我折柳攀花手，直煞得花残柳败休。半生来折柳攀花，一世里眠花卧柳。

〔梁州〕

我是个普天下郎君领袖，盖世界浪子班头。愿朱颜不改常依旧，花中消遣，酒内忘忧。分茶攧竹，打马藏阄；通五音六律滑熟，甚闲愁到我心头？伴的是银筝女银台前理银筝笑倚银屏，伴的是玉天仙携玉手并玉肩同登玉楼，伴的是金钗客歌金缕捧金樽满泛金瓯。你道我老也，暂休。占排场风月功名首，更玲珑又剔透。我是个锦阵花营都帅头，曾玩府游州。

〔隔尾〕

子弟每是个茅草冈、沙土窝初生的兔羔儿乍向围场上走，我是个经笼罩、受索网苍翎毛老野鸡蹅踏的阵马儿熟。经了些窝弓冷箭镴枪头，不曾落人后。恰不道“人到中年万事休”，我怎肯虚度了春秋。

〔尾〕

我是个蒸不烂、煮不熟、捶不匾、炒不爆、响珰珰一粒铜豌豆，恁子弟每谁教你钻入他锄不断、斫不下、解不开、顿不脱、慢腾腾千层锦套头？我玩的是梁园月，饮的是东京酒，赏的是洛阳花，攀的是章台柳。我也会围棋、会蹴踘、会打围、会插科、会歌舞、会吹弹、会咽作、会吟诗、会双陆。你便是落了我牙、歪了我嘴、瘸了我腿、折了我手，天赐与我这几般儿歹症候，尚兀自不肯休！则除是阎王亲自唤，神鬼自来勾。三魂归地府，七魄丧冥幽。

第六篇

明清

◎朱元璋——天降大任朱元璋

◎海瑞——精神自觉海刚峰

◎戚继光——文武全才戚继光

◎李时珍——本草纲目李时珍

◎罗贯中——章回小说开山宗

◎施耐庵——农民史诗第一本

◎吴承恩——西游杰作气势宏

◎郑成功——杰出统帅郑成功

◎康熙——封末中华立奇峰

◎曹雪芹——古今一绝红楼梦

◎林则徐——爱国英雄林则徐

◎邓世昌——海疆军魂邓世昌

朱元璋

大明太祖高皇帝朱元璋（1328—1398），字国瑞。原名重八，后取名兴宗。濠州钟离人，明朝开国皇帝。

朱元璋聪明而有远见，神威英武，收揽英雄，平定四海，求贤若渴，重农桑，兴礼乐，褒节义，崇教化，制定的各种法规都很相宜。自古以来，前所未有。但是他的性格严明，晚年偏好诛杀，一代开国元勋很少有善始善终，这是朱元璋的不幸。

天降大任朱元璋

[1]
元末纷乱江山晃，天降大任朱元璋。
[2]
生自祖辈农家门，少贫放牛通德乡。
[3]
无奈投寺剃度行，却因院寒去流浪。
[4]
值逢阅信应汤和，适时参军避祸殃。
[5]
明听善长效汉祖，暗立志向大业创。
[6]
郭公病逝留帅位，国瑞继之承主将。
[7]
治军严明获民心，督兵屯田足军粮。
[8]
修礼设馆揽贤才，崇儒尊士建智囊。
[9]
聆谋巧思奇略奉，筑墙积粟缓称王。
[10]
江南鏖战灭三雄，平汉吞吴国珍降。
[11]
势如破竹扫中原，力似卷席大都荡。
[12]
南京称帝号大明，功臣定位再封赏。
[13]
临政重典天下威，驭官大治洪武扬。
[14]
设立三司相制衡，废除丞相强殿皇。

[15]
惩处污吏六十两，准许击鼓告御状。
[16]
官场作弊民扭送，千年法治破天荒。
[17]
颁令农民归耕田，引导垦荒植麻桑。
[18]
兴修水利防天灾，休养生息增民望。
[19]
建校办学重教化，选师择官政绩量。
[20]
千言下诏恤高年，万嘱命吏老有养。
[21]
勤政之行日日为，节俭之语月月讲。
[22]
倘使元勋善始终，太祖神武列圣榜。

注释

朱元璋，中国历史上伟大的政治家、军事家，明朝的开国皇帝。全诗共二十二联，记述了朱元璋主要的人生经历和收揽英雄、平定四海、求贤若渴、重农桑、兴礼乐、褒节义、崇教化、建制度的杰出事迹，歌颂了他平定天下、治理国家的聪明智慧和为中国文化作出的伟大贡献。

【1】 元朝末年，政治腐败，社会黑暗，百姓生活痛苦不堪，农民起义风起云涌。在这样的社会背景下，朱元璋把握天下大势，凝聚众人智慧，运用适宜策略，统一天下，结束元朝在中原的统治，建立了大明王朝。

【2】 朱元璋出生于公元1328年，在堂兄弟中排行第八，所以叫朱重八，后改名朱元璋。朱元璋出身于江苏通德乡的一个贫苦农民家庭。由于家里贫困无法读书，他从小就给村里的地主放牛，维持生计。

【3】 朱元璋由于生活困难，在走投无路的情况下，投奔皇觉寺，剃度为僧，做了小行童。他在寺里扫地、上香、打钟、烧饭、洗衣，还经常受到老和尚的斥责。不久，寺里粮食不够，年仅17岁的朱元璋，才做了五十天行童，就离开寺院托钵流浪。

【4】 朱元璋在外云游的三年，也正是元末农民起义风起云涌的时期。就在这个时候，朱元璋收到了儿时伙伴汤和的信，邀请他参加郭子兴的义军。于是，他听从汤和的建议，投奔郭子兴的红巾军。

【5】 朱元璋入伍后，因为作战勇敢，而且机智灵活，粗通文墨，很快得到了郭子兴的赏识，并把他作为心腹知己。不久，当时名人李善长到军门求见。朱元璋和他一见如故，决心听从他的劝说，效法古人刘邦，与其一起共创大业。

【6】 公元1355年，义军主帅郭子兴病逝，留下了职位空档。其时，朱元璋虽然还只是军中的左副元帅，但由于主帅郭子兴的儿子郭天叙和其妻弟右副元帅张天佑比较稚嫩，所以他事实上成为这支队伍的主帅。

【7】 朱元璋统兵率将，纪律严明，获得民心；他督兵屯田，兴修水利，解决军粮。这样，他的力量很快壮大起来。

【8】 朱元璋在争取民心的同时，不断网罗人才，建立自己的智囊团。他还专门修建了礼贤馆来接待他们，并向他们征询

汉高帝、汉光武、唐太宗、宋太祖等平定天下之道，决心开创新的封建王朝。

【9】 在称帝前，朱元璋听从谋士朱升提出的“高筑墙、广积粮、缓称王”的策略，迅速秘密扩充自己的势力。这三条策略是朱元璋发展初期的指导思想。

【10】 朱元璋建立以应天为中心的根据地，在长江上游有汉国陈友谅，长江下游有吴国张士诚，东邻有割据方国珍。朱元璋在众将的帮助下，运用适宜的策略，各个击破，灭掉了江南三雄。

【11】 公元1367年，朱元璋命右丞相徐达为征虏大将军、大将常遇春为副将军，率军25万，北进中原。朱元璋的军队，一路上势如破竹，力似卷席，迅速扫平中原，直荡元朝大都。公元1368年，元军弃城而走，逃往蒙古草原，中国再次回归到汉族建立的王朝的统治之下。

【12】 公元1368年，朱元璋于南京称帝，国号大明，年号洪武。大封诸将为公侯，部分追封为王。次年，朱元璋在鸡鸣山立功臣庙，他亲定功臣位次，然后按位封赏。

【13】 明朝开国皇帝朱元璋，为了巩固自己来之不易的江山，实施“重典治国”，先后颁行《大明律》与《明大诰》等法律，采取多种措施，严惩贪官污吏。这在中国历史上前所未有。

【14】 朱元璋在沿袭元朝官僚机构的基础上，进行了改革。首先，废除中书省，设立承宣布政使司、都指挥使司和提刑按察使司，三者分立又互相牵制，防止地方权力过重。同时，废除丞相制，加强帝王的权力和统治。

【15】 朱元璋出身贫苦，从小饱受元朝贪官污吏的敲诈勒索。他登基后，在全国多次掀起反贪官运动，对贪污六十两以上的官员格杀勿论。朱元璋还在午门外特设“鸣冤鼓”，民间百姓若有冤情，准许上京击敲直接告御状。

【16】 朱元璋鼓励民间百姓上访，允许百姓扭送不法官吏上京。这一独特的制度，完全打破了“只许州官放火，不许百姓点灯”的传统惯例，是中国几千年法治史上破天荒的政治创举。

【17】 明朝建立伊始，朱元璋实行了发展生产、与民休息的政策。他一面颁令流散在各地的农民回归耕地，一面鼓励百姓开垦荒地，种植麻桑，并由政府提供耕牛、农具和种子，还能免税三年。

【18】 朱元璋十分重视兴修水利，赈灾救济。到 1395 年，全国共开垦塘堰大约 40 987 处，疏通河流大约 4 162 条，成绩卓然。在他的积极措施的推动下，农民热情高涨，农业发展迅速，农民生活得到改善。

【19】 朱元璋登基后，认识到元朝之所以灭亡，除了统治者本身的素质以外，整个社会失于教化也是一个原因。因此，他采取措施，兴建学校，选拔学官，并坚持把“教育工作”作为衡量地方官政绩的重要考量。

【20】 朱元璋一生，始终保持着朴素的农民道德，对天下老年人施以特别的尊重，他颁布《存恤高年诏》，对有关部门和地方官吏千叮万嘱，要求他们关心老年人，使老年人“老有所养”。

【21】 朱元璋在中国历史上，是最勤政的皇帝之一。他从登基到去世，日夜操劳，几乎没有休息过一天。朱元璋的节俭，

在历代皇帝中也是首屈一指，无论穿衣还是吃饭，都能提倡节俭，并能以身示范。

【22】 朱元璋聪明而有远见。他在位期间，采取许多切实有效的措施，促进了社会经济发展，改善了人民生活，自古以来，前所未有。但他性格严明，晚年偏好诛杀，一代开国元勋很少有善始善终的，这是朱元璋一生的不幸。

附录

《明史》（节选）

太祖以聪明神武之资，抱济世安民之志，乘时应运，豪杰景从，戡乱摧强，十五载而成帝业。崛起布衣，奄奠海宇，西汉以后所未有也。惩元政废弛，治尚严峻。而能礼致耆儒，考礼定乐，昭揭经义，尊崇正学，加恩胜国，澄清吏治，修人纪，崇凤都，正后宫名义，内治肃清，禁宦竖不得干政，五府六部官职相维，置卫屯田，兵食俱足。武定祸乱，文致太平，太祖实身兼之。至于雅尚志节，听蔡子英北归。晚岁忧民益切，尝以一岁开支河暨塘堰数万以利农桑、备旱潦。用此子孙承业二百余年，士重名义，闾阎充实。至今苗裔蒙泽，尚如东楼、白马，世承先祀，有以哉。

牧羊儿土鼓

明 · 朱元璋

群羊朝牧遍山坡，松下常吟乐道歌。

土鼓抱时山鬼听，石泉濯处涧鸥和。

金华谁识仙机密，兰渚何知道术多。

岁久市中终得信，叱羊洞口白云过。

示 僧

明 · 朱元璋

杀尽江南百万兵，
腰间宝剑血犹腥！
老僧不识英雄汉，
只管哓哓问姓名。

海瑞

海瑞（1514—1587），字汝贤，号刚峰，海南琼山（今海口市）人。明朝著名清官。海瑞一生，经历了正德、嘉靖、隆庆、万历四朝。

1549 年（嘉靖二十八年）海瑞参加乡试中举，初任福建南平教谕，后升浙江淳安和江西兴国知县，推行清丈、平赋税，并屡平冤假错案，打击贪官污吏，深得民心。以后又得到提升，历任州判官、户部主事、兵部主事、尚宝丞、两京左右通政、右佥都御史等职。海瑞为官，打击豪强，疏浚河道，修筑水利工程，力主严惩贪官污吏，禁止徇私受贿，并推行一条鞭法，强令贪官污吏退田还民，遂有“海青天”之誉。

精神自觉海刚峰

[1]
宋有廉吏曰包拯，明出清官为刚峰。

[2]
自幼好读诗书经，立志做官公平正。

[3]
乡试上书治黎策，京考建言平黎论。

[4]
入仕淳安节俭行，疑案明断服庶人。

[5]
备棺上疏龙颜怒，诀妻下狱动京城。

[6]
世宗驾崩一夜哭，穆宗继位委重任。

[7]
巡抚十府慑官场，兴利除害济民生。

[8]
一条鞭法摧豪强，海青天号百姓赠。

[9]
性格奇峻受诽谤，倡用虐刑罪权臣。

[10]
辞世南京留破竹，御史治丧下泣声。

[11]
两岸满站送灵柩，百里不绝祭忠魂。

[12]
品德高端姓海公，精神自觉入顶层。

注释

海瑞，明朝著名清官。全诗共十二联，记述了海瑞读经、入仕、上书、理政的主要经历和打击豪强、疏浚河道、兴修水利、严惩贪官污吏的杰出事迹，歌颂了他清正廉洁、刚正不阿的坚贞品质和为国担忧、为民除害的崇高精神。

【1】 中国历史上，有两大廉吏，一个是宋朝的包拯，人称“包铁面”；一个是明朝的海瑞，人称“海青天”。至今，有关“包铁面”“海青天”的故事，广为流传，家喻户晓。

【2】 海瑞的祖先原籍福建。海瑞父亲弟兄五人，其中四人均中举入仕，唯独海瑞父亲海翰无所作为。父亲死后，海瑞在性格刚强的母亲谢氏管教下，自幼攻读史书经传，立志做一个不谋私利、不谄权贵、刚正不阿的好官。因此，他自号“刚峰”。

【3】 公元1549年，海瑞参加乡试，写了一篇《治黎策》，见解独特，因而得中举人。公元1550年，海瑞上京城参加会试，向中央朝廷上《平黎策》，但未引起朝廷的重视，因而落榜。

【4】 公元1554年，海瑞放弃科举考试，到福建延平府当教师。公元1562年，海瑞被任命为淳安知县。淳安县案件很多，海瑞能明断疑难案件，而且他生活节俭，甚至自己种菜自给，深得百姓拥护。

【5】 明世宗朱厚熜晚年，不理朝政，求神拜佛，却无人敢说。公元1566年，海瑞备棺、诀妻，上谏《治安疏》，批评明

世宗的行为。明世宗读后，大怒，将海瑞逮捕入狱。海瑞备棺上谏、诀妻下狱的做法，惊动京城。

【6】 公元1566年，明世宗驾崩，牢狱主事听说了这个情况，在他耳边悄悄说："皇帝已经死了，先生即将出狱得到重用。"海瑞听罢，悲痛大哭，晕倒在地。同年，明穆宗继位，赦免海瑞，让他官复原职，并委以重用。

【7】 公元1570年，海瑞升调御史（正三品），外放应天巡抚。辖区包括应天、苏州、常州、镇江等十府，多为江南富庶的鱼米之乡。地方很多贪官污吏，害怕海瑞的威严，自动辞职。海瑞在巡抚中，兴利除害，整修河道，使百姓得到了好处。

【8】 海瑞十分憎恨大户兼并土地，为了摧毁豪强势力，推行"一条鞭法"，安抚穷困百姓。在海瑞的帮助下，许多被富豪兼并的土地，夺回后交回原主。海瑞的措施，深受百姓好评，称他为"海青天"。

【9】 海瑞性格奇峻，他的清廉，甚至达到了不近人情的地步。他在交往中，对一些"人之常情"的礼品，也绝对拒收，包括亲朋好友，因此，时人也有非议，甚至诽谤。同时，他提倡对犯罪者用虐刑，遭到朝廷权臣的反对。

【10】 公元1587年，海瑞病死于南京任上。海瑞没有儿子，佥都御史去主持海瑞的丧事，看到海瑞破旧的家具和破烂的帐帏，深为感动，不禁失声痛哭。

【11】 海瑞的死讯传出，南京的百姓因此罢市。海瑞的灵柩用船运回家乡时，穿着白衣戴着白帽的人站满了两岸，祭奠哭拜的人百里不绝。

【12】 在中国历史的官场上，海瑞是廉洁刚正、品德高端的典型。海瑞为官清廉、刚正、为民、兴革，是高度自觉的，达到了精神境界的顶层。

附录

《明史》（节选）

瑞生平为学，以刚为主，因自号刚峰，天下称刚峰先生。尝言："欲天下治安，必行井田。不得已而限田，又不得已而均税，尚可存古人遗意。"故自为县以至巡抚，所至力行清丈，颁一条鞭法。意主于利民，而行事不能无偏云。赞曰：海瑞秉刚劲之性，戆直自遂，盖可希风汉汲黯、宋包拯。苦节自厉，诚为人所难能。

海瑞背纤

明嘉靖年间，海瑞任淳安县令，不畏权贵。国公张志伯奉旨巡察各省，依仗权势，贪赃枉法，百姓怨恨。

海瑞劝农归来，张志伯的亲信差官张彪来至县衙，强索赊银万两，海瑞拒绝，反将张彪棍责逐出。张志伯闻报大怒，至淳安向海责问，海瑞反据理向张算账，指斥其贪赃枉法，张志伯大窘，临行索要纤夫四百名再作刁难。海瑞因农忙，不愿扰害百姓，就亲自率领衙役背纤，张志伯恐因此引起民愤，狼狈而去。

海瑞罢官

明代太师徐阶的第三子徐瑛霸占民田，鱼肉乡里，强占民女赵小兰。小兰母洪阿兰告状，华亭县令王明友受贿，杖毙小兰祖父。应天巡抚海瑞微服出访，路遇洪阿兰，查明真相，判处徐瑛、王明友死罪，饬令退田。徐阶买通太监、权贵，妄图罢免海瑞，推翻定案。海瑞识破奸计，断然处斩二犯，然后交出大印，慨然罢官归里。

海瑞书法欣赏

戚继光（1528—1588），字元敬，号南塘，晚号孟诸，卒谥武毅。山东蓬莱人。明朝抗倭名将，杰出的军事家、民族英雄。

戚继光在东南沿海抗击倭寇十余年，扫平了多年为虐沿海的倭患，确保了沿海人民的生命财产安全；后又在北方抗击蒙古部族内犯十余年，保卫了北部疆域的安全，促进了蒙汉民族的和平发展，写下了十八卷本《纪效新书》和十四卷本《练兵实纪》等著名兵书，还有《止止堂集》及在各个不同历史时期呈报朝廷的奏疏和修议。

文武全才戚继光

[1]
晚明政腐周遭殃，倭寇鞑靼犯边疆。
[2]
烽火丛里炼良将，戎马倥偬铸继光。
[3]
家境贫寒喜读书，经史通晓性倜傥。
[4]
承祖继职早立志，愿海波平保家乡。
[5]
东征练就戚家军，五战连捷倭寇荡。
[6]
北御鞑靼驱董贼，镇守蓟门固金汤。
[7]
若问元敬多胜算，应答善思运有方。
[8]
治军从严长官起，练兵从实技艺养。
[9]
临阵不摆花架式，督战须求打赢仗。
[10]
山陵沼泽结伴行，克敌制胜阵鸳鸯。
[11]
欲挫北骑建车营，马步协战破敌强。
[12]
加固长城金山岭，障壁文砖挡马墙。
[13]
空心敌台修三层，驻军备炮储兵粮。
[14]
戚氏军刀巧制成，狼筅虎蹲利器创。

[15]
兵著两部武人瞻，诗作书帖文士仰。

[16]
文武全才属戚公，民族英雄敬南塘。

注释

戚继光，明朝抗倭名将，杰出的军事家、民族英雄。全诗共十六联，记述了戚继光读经书、立大志、出奇兵、荡倭寇、御鞑靼的主要经历和杰出事迹，歌颂了他善于用兵、克敌制胜的军事才能和保卫边疆、保护人民的伟大贡献。

【1】 明朝嘉靖中期后，由于政治腐败、军队废弛，北有鞑靼的侵扰，东有倭寇的入侵，战火在广大地区燃烧，军事斗争十分激烈，人民生活非常痛苦。

【2】 戚继光出身将门，戎马生活四十余年。在这漫长的岁月里，他转战南北，屡歼顽敌，为抗击倭寇的入侵和保卫北部边疆的安宁，立下了不朽的功勋。戚继光就是在这种激烈的军事斗争中逐步成长起来的军事家。

【3】 戚继光年轻时，风流倜傥，很有个性。虽然家境贫寒，但他喜欢读书，通晓儒经、史籍，具有丰富的文化知识和厚实的经学修养。

【4】 公元 1544 年，戚继光继承祖上的职位，任登州卫指挥佥事。当时，山东沿海一带遭受倭寇的烧杀抢掠，戚继光有心杀贼，写下了“封侯非我意，但愿海波平”的诗句，表达了保卫家乡、杀灭倭寇的志向。

【5】 戚继光善于治军，善于用兵，练就了劲旅“戚家军”。在东征倭寇中，经过岑港之战、台州之战、福建之战、兴化之战、仙游之战，取得了五战五捷的战绩，基本上消灭了明朝东南沿海的倭寇。

【6】 在扫荡东南沿海的倭寇之后，戚继光又率军北御鞑靼，彻底挫败了董狐狸与董长昂的犯境。戚继光镇守蓟门固若金汤，鞑靼无法攻入，于是转而进犯辽东，戚继光率兵增援，协助辽东守将李成梁将其击退。朝廷封戚继光为太子太保，又进封少保。

【7】 戚继光，又名元敬。要问，戚继光为什么在东征北战中屡战屡胜，因为他能够正确把握军势和时机，善于思考，精于用兵。

【8】 戚继光治军严格，要求军官严于律己，身先士卒，凡是要求士兵做到的，各级军官都必须做到。戚继光练兵有方，要求士兵在实训中提高作战技艺，总结作战经验，以努力提高军队的战斗力。

【9】 戚继光临阵督战，不摆花架式，运用“长短兵器互相配合，车兵、步兵、骑兵、炮兵协同作战”的策略方法，以保证能打仗，能打胜仗。

【10】 戚继光在打击倭寇的过程中，根据东南沿海地形是山陵沼泽的特点，为了克敌制胜，创造了一种新的战斗队形，这种队形在与倭寇作战时好像是结伴而行的鸳鸯，于是被命名为“鸳鸯阵”。

【11】 戚继光在打击鞑靼的过程中，根据北方游牧民族擅长骑兵作战的特点，建立了车营来克制骑兵，通过马步军协同

作战，挫败敌人的进攻。

【12】 戚继光为了加固长城金山岭，依据“因地制宜、用险制塞”的建筑思想，在个别地方加修了障壁、文砖、挡马墙，全部为砖石结构或砖石木结构，使这段长城设施完备、构筑牢固、布局严谨、可攻可守。经专家鉴定，金山岭长城是我国万里长城的精华之所在。障壁、文砖、挡马墙，被誉为金山岭长城的“三绝”。

【13】 戚继光在加固城墙的同时，又修建了空心敌台。空心敌台有上、中、下三部分组成，既可驻军、备炮，又可储兵粮，具有很高的实用价值。

【14】 戚继光是兵器发明家，戚氏军刀是专门针对倭寇使用的倭刀所改良制造的武器；狼筅是对付倭寇给戚家军所配备的另一种武器；同时，还给戚家军装备了火炮，在当时称为“虎蹲炮”。这些武器在战斗中都发挥了重要的作用。

【15】 戚继光撰写了两部重要兵书，《纪效新书》和《练兵实纪》。这两部书是他练兵打仗的经验总结，也是他训练军队的教本，在军事学上有很高的地位。戚继光才华横溢，还擅长诗文和书法，在中国文化史上也有一定的影响。

【16】 “南塘”，是戚继光的号。在中国历史上，戚继光是文武全才，不仅是一位杰出的军事家，而且也是一个诗人和书法家。戚继光东荡倭寇、北御鞑靼，功勋卓著，为保卫中国边疆安宁、保护人民财产作出了伟大的贡献，是中国历史上当之无愧的民族英雄。

附录

马上作

明 · 戚继光

南北驱驰报主情，
江花边月笑平生。
一年三百六十日，
多是横戈马上行。

盘山绝顶

明 · 戚继光

霜角一声草木哀，云头对起石门开。
朔风虏酒不成醉，落叶归鸦无数来。
但使玄戈销杀气，未妨白发老边才。
勒名峰上吾谁与，故李将军舞剑台。

李时珍（1518—1593），字东璧，晚年自号濒湖山人，湖北蕲春县蕲州镇东长街之瓦屑坝（今博士街）人，明代著名医药学家。

李时珍自1565年起，先后到武当山、庐山、茅山、牛首山及湖广、安徽、河南、河北等地收集药物标本和处方，并拜渔人、樵夫、农民、车夫、药工、捕蛇者为师，参考历代医药等方面书籍925种，记录上千万字札记，历经27个寒暑，三易其稿，于明万历十八年（1590）完成了192万字的巨著《本草纲目》。此外对脉学及奇经八脉也有研究，著述有《奇经八脉考》《濒湖脉学》等多种。

本草纲目李时珍

[1]
明代医学出巨人，本草纲目李时珍。

[2]
少岁承祖爱医药，青年随父名日盛。

[3]
曾除顽症富顺王，因荐太医赴京任。

[4]
辞官行医东璧堂，还乡察研药物魂。

[5]
释疑湖广行万里，解惑江直采四方。

[6]
白花蛇考上险峰，穿山甲究入山深。

[7]
矢志奋笔著述丰，夙愿疾书本草论。

[8]
三十七年年年行，二百万字字字慎。

[9]
东方医学生巨典，药物属性创类分。

[10]
博研脉象谬误弃，深究脉诀精华存。

[11]
秘取露水扫腊雪，密采灶灰制菊枕。

[12]
死人诊活书有记，活人诊死史留痕。

[13]
先贤宏篇登巅顶，医道智慧传永恒。

注释

李时珍，我国明代伟大的医药学家。全诗共十三联，记述了李时珍学医、行医、研药、著书的主要经历和优秀事迹，歌颂了他不畏艰险、实地考察的求真精神和为中国医学文化作出的伟大贡献。

【1】 中华医药历史上，医家众多，名人辈出。明代的李时珍无疑是中国医药学的巨人，他以毕生的精力，走南闯北，精调细查，终于完成了《本草纲目》的著述。

【2】 公元 1518 年 7 月 3 日，李时珍诞生于湖北蕲春县。他出身于医生世家，自幼热爱医学，并不热衷于科举，在三次应试落第后，就弃儒学医，刻苦钻研。李时珍 23 岁跟着父亲学医，给人治病，名声日盛。

【3】 公元 1556 年，李时珍 38 岁时，因医好了明朝富顺王朱厚焜儿子的病而声名鹊起，被武昌的楚王朱英裣聘为王府的“奉祠正”，兼管医务。三年后，又被推荐上京任太医院判。

【4】 李时珍在京城太医院任职一年，便辞职回乡。公元 1558 年，李时珍在家乡坐堂行医，致力于对药物的考察研究。在此期间，以自己的字——东璧为堂号，创立东璧堂。

【5】 李时珍在数十年行医以及阅读古典医籍的过程中，发现古代本草书中存在不少错误，决心重新编纂一本本草书籍。35 岁开始编写《本草纲目》，从 1565 年起，多次离家外出考察，足迹遍及湖广、江西等许多名山大川，弄清了许多疑难问题。

【6】 李时珍在外出考察中，为了弄清白花蛇的医药功能，

请捕蛇人带他上了龙峰山，亲眼观察了捕蛇、制蛇药的过程；为了研究穿山甲的功效，请樵夫、猎人帮助，亲自解剖一只穿山甲，发现了穿山甲的食蚁方式，纠正了古书上的错误。

【7】 李时珍一生著述丰富，如《奇经八脉考》《濒湖脉学》《命门考》《濒湖医案》《白花蛇传》等，但大多已经流失。李时珍一生最伟大的贡献，是完成了《本草纲目》的著述，实现了他人生的最大夙愿。

【8】 李时珍经过长达27年的努力，终于在1578年完成了《本草纲目》的初稿，时年61岁。以后又经过了10年的三次修改，前后共计37年。李时珍的这37年，可谓年年在行、月月在记、日日在写。《本草纲目》凡16部、52卷，约190万字。可谓部部是血、卷卷是汗、字字是真。

【9】《本草纲目》不仅为中国药物学的发展作出了重大贡献，而且对世界医药学、植物学、动物学、矿物学、化学的发展也产生了深远的影响。先后被译成多种文字在国外出版。书中首创了按药物自然属性逐级分类的纲目体系，这种分类方法是现代生物分类的重要方法之一，比现代植物分类学创始人林奈的《自然系统》早了一个半世纪，被誉为“东方医药巨典”。

【10】 李时珍在医药研究中，感到其时代的中医脉学存在缺陷甚至谬误，就进行了深入研究，抛弃了其中的谬误，加入了自己的研究成果，并编著成《脉诀》，即《濒湖脉学》。

【11】 李时珍结合自己的行医实践，编制了许多经典药方，如怎样收取露水制药、怎样扫取腊雪制药、怎样密取灶灰制药、怎样用菊花做枕等。

【12】 在历史上，由于李时珍在当时的地位和影响、医技和医术，留下了许多轶事典故，为人们津津乐道，如死人诊活、活人诊死、巧用炼金术、巧辨药性真伪等。

【13】 李时珍是我国明代伟大的医药学家、医中之圣、世界文化名人，其宏篇巨著《本草纲目》对我国乃至世界科技的发展产生了深刻的影响，其内容之丰富，涉及面之广泛是任何时代任何著作都无法比拟的。李时珍的医道和智慧以及研究成果，永存人间，光照万代。

咏志

明 · 李时珍

身如逆流船，心比铁石坚。
望父全儿志，至死不怕难。

《明史》（节选）

李时珍，字东璧，蕲州人。好读医书，医家《本草》，自神农所传止三百六十五种，梁陶弘景所增亦如之，唐苏恭增一百一十四种，宋刘翰又增一百二十种，至掌禹锡、唐慎微辈，先后增补合一千五百五十八种，时称大备。然品类既烦，名称多杂，或一物而析为二三，或二物而混为一品，时珍病之。乃穷搜博采，芟烦补阙，历三十年，阅书八百余家，稿三易而成书，曰《本草纲目》。增药三百七十四种，厘为一十六部，合成五十二卷。首标正名为纲，余各附释为目，次以集解详其出产、形色，又次以气味、主治附方。书成，将上之朝，时珍遽卒。未几，神宗诏修国史，购四方书籍。其子建元以父遗表及是书来献，天子嘉之，命刊行天下，自是士大夫家有其书。时珍官楚王府奉祠正，子建中，四川蓬谿知县。

又吴县张颐、祁门汪机、杞县李可大、常熟缪希雍皆精通医术，治病多奇中。而希雍常谓《本草》出于神农，硃氏譬之《五经》，其后又复增补别录，譬之注疏，惜硃墨错互。乃沈研剖析，以本经为经，别录为纬，著《本草单方》一书，行于世。

罗贯中（约 1330—约 1400），名本，字贯中，号湖海散人，元末明初小说家，《三国演义》的作者。

《三国演义》是中国古典四大名著之一，全名为《三国志通俗演义》，是中国第一部长篇章回体历史演义小说。描写了从东汉末年到西晋初年之间近 105 年的历史风云。全书叙述了三国时代的政治军事斗争，反映了三国时代各类社会斗争与矛盾的转化，并概括了这一时代的历史巨变，塑造了一批叱咤风云的三国英雄人物。

章回小说开山宗

[1]
欲知东汉朝运终，尽藏三国演义丛。
[2]
章回体例开山祖，历史长篇小说宗。
[3]
虚构三分来民间，实事七成正史供。
[4]
桃园结义三弟兄，报国安民气贯虹。
[5]
董卓欺君逆天理，孟德挟主地不容。
[6]
尊刘贬曹思明君，诸葛神化贤相颂。
[7]
文人一笔十计生，武士一戈艺百种。
[8]
郭嘉杨修司马懿，许褚张辽夏侯公。
[9]
徐庶法正庞士元，关羽张飞赵子龙。
[10]
周瑜鲁肃陆伯言，黄盖吕蒙丁骁勇。
[11]
陈宫田丰许子远，吕布马超老黄忠。
[12]
行军布阵谋宜先，建国立朝略须重。
[13]
官渡赤壁强招损，蜀汉大业弱转隆。
[14]
故事宏伟结构严，情节起伏巧连通。

[15]
雅俗相间妇孺知，深浅有致士民共。

[16]
开卷合分循环论，闭书三国晋一统。

[17]
演义传世百姓乐，喜阅莫忘罗贯中。

注释

罗贯中，元末明初著名小说家，《三国演义》的作者。全诗共十七联，揭示了《三国演义》的主题内容、人物特征以及艺术特色，歌颂了罗贯中为中国长篇章回体历史小说的发展作出的重大贡献。

【1】 东汉末年，阉党专权，政治黑暗，官场腐败，人民遭难，起义不断，整个王朝岌岌可危。如果要知道这段历史的演绎，了解东汉王朝的衰亡，那么，只要读一读罗贯中的小说《三国演义》，便可全部知晓。

【2】 元末明初，在过去话本的基础上，产生了一些长篇章回小说。其中，罗贯中的《三国演义》，不仅是我国章回小说中出类拔萃的开山作品，也是我国最有成就的长篇历史小说。

【3】 罗贯中在民间传说及民间艺人创作的话本、戏曲的基础上，又运用陈寿《三国志》和裴松之注的正史材料，集合他丰富的生活经验，写成了这部流传不朽的作品。可以概括为“虚构三分来民间，实事七成正史供”。

【4】《三国演义》小说第一回桃园结义写了刘备、关羽、张飞三个异姓兄弟发誓同心协力，救困扶危，上报国家，下安

黎民，不求同年同月同日生，但愿同年同月同日死，热情歌颂了他们三人的义气和抱负。

【5】《三国演义》揭示了当时社会的黑暗和腐朽，谴责了统治者的残暴和丑恶，表现了作者鲜明的爱憎，如揭示了“军阀董卓欺君的逆天理、奸雄孟德挟主的地不容”。

【6】《三国演义》继承了“说三国”话本的“拥刘反曹”的传统，视蜀汉为正统，把刘、关、张、诸葛亮当作小说的中心人物。表现了人民拥护“明君”“贤相”，憎恶“暴君”“奸臣”的普遍愿望。

【7】《三国演义》善于通过三国之间政治、军事、外交的种种事件，把历史上各种斗争的经验和智慧，形象生动地表现出来。同时通过这些事件塑造了一大批有血有肉、个性鲜明的文人武将。

【8】 在魏国的曹操门下，有一大批文人武将。文人有郭嘉、钟繇、杨修、司马懿等，武将有许褚、张辽、夏侯惇、夏侯渊等。

【9】 在蜀汉的刘备门下，也有一大批文人武将。文人有诸葛亮、徐庶、法正、庞士元（庞统）等，武将有关羽、张飞、赵子龙、魏延等。

【10】 在东吴的孙权门下，同样有一大批文人武将。文人有周瑜（周瑜文武双全，以文为主）、鲁肃、陆伯言（陆逊）等，武将有黄盖、吕蒙、丁骁勇（丁奉）等。

【11】《三国演义》中，除了魏蜀吴三国的文人武将外，还有其他诸侯的文武将才。如文人陈宫、田丰、许子远等，武将吕布、马超、黄忠等。

【12】《三国演义》的故事展开、情节推进、人物塑造，都渗透着谋略的运用和计策的实施。如刘备蜀汉政权的建立源于诸葛亮的“隆中对”，又如东吴陆逊夷陵之战的胜利来于谋略设计。

【13】《三国演义》揭示了这样一个道理，如果能正确判断天下大势，合理运用计策谋略，就能由弱转强，以弱胜强。如曹操在官渡之战中、孙权刘备在赤壁之战中，能够战胜强敌，转危为安，其原因就在这里。

【14】《三国演义》的故事结构，既宏伟壮阔，又不失严密精巧。作者能以蜀汉为中心，抓住三国矛盾斗争的主线，井然有序地展开故事。既曲折变化，又前后贯穿，情节起伏，合理推进，构成了一个基本完美的艺术整体。

【15】《三国演义》吸收了传奇文学的语言成就，并加以适当的通俗化，“文不甚深，言不甚俗”，雅俗共赏，深浅有致，具有简洁明快而又形象生动的特点。因此，小说既能适应文人的阅读，也有利于百姓的理解。

【16】《三国演义》从开卷“天下大势，分久必合，合久必分”起笔，至司马家属西晋的统一收尾，共120回。反映了作者“三国鼎立、西晋统一”是“先天命定”的思想，这其实是一种传统的历史循环论。

【17】《三国演义》是中国历史上第一部章回体长篇历史小说，故事精彩丰富，人物生龙活虎，语言通俗易懂，历代百姓喜阅爱读，许多人物已经成为人们心中的偶像，学习的榜样。但是我们切不可忘记文学大家、小说巨匠罗贯中的聪明智慧和艺术魅力。

卧龙吊孝

明·罗贯中

呜呼公瑾，不幸夭亡！修短数天，人岂不伤？我心实痛，酹酒一觞；君若有灵，享我蒸尝！吊君幼学，以交伯符；仗义疏财，让舍以居。吊君弱冠，万里鹏抟；定建霸业，割据江南。吊君壮力，远镇巴丘；景升怀虑，讨逆无忧。吊君丰度，佳配小乔；汉臣之婿，不愧当朝。吊君气概，谏阻纳质；始不垂翅，终能奋翼。吊君鄱阳，蒋干来说；挥洒自如，雅量高志。吊君弘才，文武筹略；火攻破敌，挽强为弱。想君当年，雄姿英发；哭君早逝，俯地流血。忠义之心，英灵之气；命终三纪，名垂百世，哀君情切，愁肠千结；惟我肝胆，悲无断绝。昊天昏暗，三军怆然；主为哀泣，友为泪涟。亮也不才，丐计求谋，助吴拒曹，辅汉安刘。掎角之援，首尾相俦；若存若亡，何虑何忧？呜呼公瑾！生死永别！朴守其贞，冥冥灭灭。魂如有灵，以鉴我心；从此天下，更无知音！呜呼痛哉！伏惟尚飨。

施耐庵

施耐庵（1296—1370）原籍苏州，生于兴化，舟人之子，十三岁入私塾，十九岁中秀才，二十九岁中举，三十五岁中进士。最后居淮安卒，终年七十四岁。与罗贯中合著《水浒传》。

《水浒传》是中国四大名著之一，全书描写北宋末年以宋江为首的108位好汉在梁山起义，以及聚义之后接受招安、四处征战的故事。它形象地描绘了农民起义从发生、发展、高潮，直至失败的全过程，深刻揭示了起义的社会根源，满腔热情地歌颂了起义英雄的反抗斗争和他们的社会理想，也具体揭示了起义失败的内在历史原因。

农民史诗第一本

[1]章回巨著水浒成，农民史诗第一本。

[2]帝昏佞生云乌乌，相贪吏污雾蒙蒙。

[3]徽宗一喜俅飞腾，蔡京一乐婿飙升。

[4]官官联袂官官保，臣臣结姻护臣臣。

[5]生辰纲旁堆白骨，花石纲边闻哭声。

[6]乱象纷纷始于上，灾难丛丛源于朕。

[7]梁山落草求活命，水泊筑寨图生存。

[8]四海一家替天行，八方共域结兄仁。

[9]群雄上山道不同，众英入泊志有分。

[10]鲁达主动林隐忍，草莽拒招宋迎尊。

[11]三十六豪音有异，七十二杰容各呈。

[12]武松打虎哨棒断，李逵打擂恋情真。

[13]大战小役环环连，巨胜小捷节节承。

[14]祝家庄破潜军机，曾头市克藏智魂。

[15]
自独造反气冲云，受命征讨志消沉。
[16]
兴时如潮滔滔浪，退间似泻裂裂痕。
[17]
结构严谨富变化，情节典型善挪腾。
[18]
简言叙事家家笔，口语状物绘绘神。
[19]
故事俊彦黎庶爱，小说奸邪百姓憎。
[20]
施公奇思绝古圣，耐庵妙想盖后人。

注释

施耐庵，元末明初著名小说家，《水浒传》的作者。全诗共二十联，记述了《水浒传》的历史地位、主题思想、人物形象以及艺术结构，歌颂了施耐庵为创作描写农民起义的长篇章回体小说所作出的重大贡献。

【1】《水浒传》是中国文学史上第一部反映农民起义的长篇小说。它是人民群众集体创作和作家创作相结合的又一典范，与《三国演义》共同形成了我国小说发展史上的第一个高峰，不仅为明代文学而且也为整个中国文学史增添了光辉。

【2】《水浒传》在歌颂农民起义、歌颂英雄豪杰的同时，深刻地揭露了封建社会的黑暗、统治阶级的荒淫、帝王将相的昏庸、朝中权臣的残忍、地方官吏的贪婪，深刻地反映了北宋末年“云乌乌”、“雾蒙蒙”的社会面貌和底层百姓的生活苦难。

【3】《水浒传》中被道君皇帝所宠爱的太尉高俅是统治集团的一个代表人物，也是贯穿全书的一根黑线。高俅原是一个“浮浪破落户子弟”，只因踢得一脚好球，就受到皇帝的赏识，抬举他做了殿帅府的太尉。小说中的蔡京是一个朝廷的权贵，他可以为某件事“一乐”，就提升他的女婿做了大官。

【4】 小说中的高俅由于得到皇帝的赏识，从此凭借官位和权力，与当朝蔡京、童贯等权臣狼狈为奸，把持朝政，无恶不作。这些权臣为了巩固自己的地位，“官官联袂”，“臣臣相姻”，通过这种联袂、相姻的方式，达到官官相护、臣臣相保的目的。

【5】《水浒传》中有一个重要人物，名叫青面兽杨志。青面兽杨志原是一个朝廷小官，先为帝王修建宫殿运载“花石岗”，后为地方官吏押送“生辰纲”，但最终由于“工作失误”，走投无路，上了梁山。无论是“花石岗”，还是“生辰纲”，多可以“闻哭声”，看见“堆白骨”。

【6】《水浒传》作者在构建小说结构的时候，把高俅、蔡京、童贯等的发迹故事，放在全书的开端，其用意是十分明显的——社会的黑暗源于帝王的昏庸无道，百姓的苦难来自权臣的残酷压迫。一句话，“乱自上作”。

【7】《水浒传》中，由于帝王的昏庸、权贵的无道，社会极端黑暗，地方官吏残酷无比，百姓生活极其苦难，难以生存，他们一个个地被逼上梁山，进入水泊，“落草”“筑寨”，完全是为了“求活命”“图生存”。

【8】《水浒传》中，由于客观形势的需要，这些英雄豪杰由个人的反抗进而到小规模的联合反抗，一直到形成强大的起义队伍。他们上山后，竖起了“四海一家替天行，八方共域结

兄仁”的大旗，与封建统治阶级展开了直接的斗争，震动了封建统治的根基。

【9】《水浒传》中，突出地表现了一大批英雄豪杰。全书巨大的历史主题，主要是通过对英雄豪杰的歌颂和对他们斗争的描绘具体表现出来的。但是这些英雄豪杰的“上山”和“入泊”，道路不同，志向有异。

【10】《水浒传》中，林冲、鲁达、杨志虽同是武艺高强的军官，但由于身份、经历和遭遇的不同，因而走上梁山道路也很不一样。如林冲，原是禁军教头，地位高，待遇厚，家庭美满，因此他对统治阶级的迫害，一再隐忍，最后实在没法生存，才上了梁山。又如鲁达，他并未遇到林冲那样的不幸，但看透了统治阶级荒淫腐朽的本质，上山非常主动。另外，梁山群英在对待招安的态度上，来自社会底层的李逵等人，是坚决反对的；封建文人出生的吴用主张有条件招安；来自官军的极大部分将领则是希望招安。

【11】《水浒传》中，有一百零八位英雄，包括三十六罡、七十二煞，这些人物“音有异”“容各呈”。其中，小说中具体描述的有一二十人，个个性格鲜明，形象有血有肉，栩栩如生，跃然纸上。

【12】《水浒传》中，常常通过富有特征性的细节来塑造人物。如武松打虎时，借哨棒打断的细节，充分表现了他全神贯注的紧张神态，也为以后的赤手空拳打虎作了合理的安排，从而突出了他的神力和勇武。又如李逵打擂，穿插了一段人们容易忽视的动人细节——与方腊部下的女将“谈情说爱”，表现了他的粗中有“细”、莽中有“爱”。

【13】《水浒传》中，安排了许多战争的场面，如“宋公明三打祝家庄”、“宋公明夜打曾头市”等，不仅反映了起义由小到大的整个过程，而且表现了起义斗争中那些如火如荼、惊心动魄的战斗场面。小说在战争战斗场面的设计上能够做到“大战小役环环连，巨胜小捷节节承”，每场战争战斗既有一定的独立性，又有自然的连承性。

【14】《水浒传》中，在梁山英雄排座次之前，有两场战争写得最完整、最深刻、最生动，这就是上面提到的“三打祝家庄”和“夜打曾头市”。这两场战争，是梁山英雄在经受失败挫折后，在总结分析经验教训的基础上运用合理的谋略，最后才打赢的，可谓“潜军机”“藏智魂”。

【15】《水浒传》整篇小说的构成，可以以梁山英雄排座次为界，分为前后两大部分。我们可以发现，前一部分在描绘一个个英雄或各路英雄造反的时候，都气冲霄汉，斗志昂扬；而后一部分在描绘招安后的梁山英雄南征北讨，特别是攻打方腊的时候，显得意志消沉，有点“作为不足”，前后形成了鲜明的对比。

【16】《水浒传》是一部描写农民起义的小说，但我们可以看到，梁山英雄在兴起时，如江河浪潮，汹涌澎湃；在退下时，却伤痕累累，一泻千里。小说反映了历史上农民起义兴得快、败得惨的特点。

【17】《水浒传》的全部结构基本上是完整的，同时又是富有变化的。书中人物与情节的安排，主要是单线发展，每组情节既有相对的独立性，又是一环紧扣一环，互相勾连的。特别是故事的开端、高潮和结局的安排设计精心、构建巧妙。

【18】《水浒传》的语言特色之一，在于明快、洗练，无论

叙述事件或刻画人物，常常是寥寥几笔，就达到绘声绘色、形神兼备的地步。其次在于它的生动、准确，富有表现力。

【19】《水浒传》的故事，几百年来，它的反抗精神和理想化的英雄人物，如林冲、鲁达、武松等，一直活在人民中间，像烈火一样，照亮了人民斗争的道路。同时，小说中的权臣、奸贼，如高俅、蔡京、童贯等，一直是人们鞭挞的对象，将他们永远钉在历史的耻辱柱上。

【20】《水浒传》家喻户晓，深受人民的喜爱，对后世的影响是巨大的、多方面的。尤其对以后的文学创作，特别是与小说、戏剧、电影电视的关系非常密切，如《说唐》《杨家将》《说岳》《水浒后传》等文艺作品，可以明显地看出它的影响。文学大师、小说巨匠施耐庵，确实达到了“奇思绝古圣”“妙想盖后人”的境界。今天无论是阅读施公的原著，还是欣赏其他有关《水浒传》的艺术作品，我们都不能忘记他对中国文学，特别是对中国小说的卓越贡献。

附录

《水浒传》三十六天罡姓名、诨名及排座次

座次	星宿	诨名	姓名
1	天魁星	及时雨	宋江
2	天罡星	玉麒麟	卢俊义
3	天机星	智多星	吴用
4	天闲星	入云龙	公孙胜
5	天勇星	大刀	关胜

6	天雄星	豹子头	林冲
7	天猛星	霹雳火	秦明
8	天威星	双鞭	呼延灼
9	天英星	小李广	花荣
10	天贵星	小旋风	柴进
11	天富星	扑天雕	李应
12	天满星	美髯公	朱仝
13	天孤星	花和尚	鲁智深
14	天伤星	行者	武松
15	天立星	双枪将	董平
16	天捷星	没羽箭	张清
17	天暗星	青面兽	杨志
18	天祐星/天佑星	金枪手	徐宁
19	天空星	急先锋	索超
20	天速星	神行太保	戴宗
21	天异星	赤发鬼	刘唐
22	天杀星	黑旋风	李逵
23	天微星	九纹龙	史进
24	天究星	没遮拦	穆弘
25	天退星	插翅虎	雷横
26	天寿星	混江龙	李俊
27	天剑星	立地太岁	阮小二
28	天平星/天竟星	船火儿	张横
29	天罪星	短命二郎	阮小五
30	天损星	浪里白条	张顺
31	天败星	活阎罗	阮小七
32	天牢星	病关索	杨雄
33	天慧星	拼命三郎	石秀
34	天暴星	两头蛇	解珍
35	天哭星	双尾蝎	解宝
36	天巧星	浪子	燕青

吴承恩

吴承恩（1500—1582），字汝忠，号射阳山人，出生于安徽省。中国明代杰出的小说家，是中国古典名著《西游记》的作者。

《西游记》是中国古典四大名著之一，是由明代小说家吴承恩根据前人一千年积累的素材所创作的中国古代第一部浪漫主义的长篇神魔小说，深刻描绘了社会现实，是魔幻现实主义的开创作品。主要描写了孙悟空、猪八戒、沙僧三人保护唐僧西行取经，唐僧从投胎到取经归来共遇到八十一难，一路降妖伏魔，化险为夷，最后到达西天、取得真经的故事。

西游杰作气势宏

[1]
神话小说谁正宗？ 西游杰作气势宏。
[2]
天崩地裂石猴生， 建根立基水帘洞。
[3]
泛海驾筏寻师尊， 七十二变显神通。
[4]
树帜齐天名大圣， 举棒灵霄闹天宫。
[5]
狂呼皇位轮流坐， 大叫玉帝离殿中。
[6]
神教合一镇行者， 五行山下压猴雄。
[7]
寓意生灵望乾坤， 清平世界享正公。
[8]
西天取经保唐僧， 悟净悟能与悟空。
[9]
山高岭险路漫漫， 河宽水深障重重。
[10]
擒妖捉怪降群魔， 济困扶危助民众。
[11]
神佛离邪一步遥， 天界距恶一分钟。
[12]
喻隐世域与天庭， 一般阴晦一般凶。
[13]
西游人物面目新， 社会自然两性融。
[14]
玄装虔诚近迂腐， 孙猴机敏状躁动。

[15]
八戒憨厚性懒惰，沙僧勤劳质愚忠。
[16]
语言有韵渲气氛，对话奇趣染颜容。
[17]
结构以人层层启，活动以事波波涌。
[18]
九九相乘八十一，四十有一浑天送。
[19]
诸家续仿汝忠笔，各游无一入伯仲。
[20]
吴公故事集大成，承恩创新万世功。

注释

吴承恩，中国明代杰出的小说家，《西游记》的作者。全诗共二十联，记述了《西游记》的创作思想、主题内容、人物特征和艺术魅力，歌颂了吴承恩为中国长篇章回体神话小说发展作出的重大贡献。

【1】《西游记》是继《三国演义》和《水浒传》后出现的又一群众创作和文人创作相结合的典范。中国的古代文化，起源于神话，如“盘古开天地”“女娲娘娘垒泥人”，但不是小说。吴承恩在无数民间艺人和无名作者付出巨大劳动的基础上，创作了这部划时代的长篇神话小说，为中国的文学发展作出了不可磨灭的贡献。

【2】《西游记》结构设计非常巧妙，一开始以整整七回大闹天宫的故事启动，突出了小说战斗性的主题，同时把核心人

物孙悟空的形象提到了全书的首要地位。孙悟空原系破石而生的美猴王，无父无母。他纵身一跃，在水帘洞中领着群猴，过起了自由自在的生活。

【3】《西游记》中，孙悟空的生活是“绝对自由”的。他只身泛海，访师求道，学得了七十二变化，一个跟斗能翻十万八千里。

【4】《西游记》中，孙悟空学道回来，向龙宫强索金箍棒，去冥府硬勾生死簿，同时竖起“齐天大圣”的大旗，因不满玉帝的管束，演绎了精彩故事“大闹天宫”。

【5】《西游记》中，孙悟空大闹天宫，打得各路神仙无影无踪，一定要玉皇大帝让出天宫，狂呼皇位“轮流坐”：“若还不让，定要搅攘，永不清平！”孙悟空的语言和行为，表现了苦难深重的人民企图摆脱封建统治、追求自由、掌握自己命运的强烈愿望。

【6】《西游记》中，孙悟空大闹天宫，震动了天帝统治。于是，玉皇大帝搬兵借将，请来太上老君、西方如来等“高手”，神教合一，镇压孙悟空。最后，西方如来一个巴掌，将孙悟空压在了五行山下。

【7】《西游记》中，孙悟空生气勃勃的反抗斗争，使处于社会底层的苦难百姓在黑暗中看到了一丝光明，给了人们意味深长的启示；同时，也体现了作者憎恨封建专制制度，并把希望寄托于像孙悟空这样的英雄豪杰的思想。

【8】《西游记》第八回至第十二回，写如来说法、观音访僧、唐僧出世等故事，交代了取经的原因。从第十三回至全书结束，是写唐僧在孙悟空、猪八戒、沙和尚的保护下，去西天

取经。

【9】《西游记》从第十三回开始，转入了另一个主题，主要写唐僧师徒克服“山高岭险路漫漫，河宽水深障重重”的困难和险阻，获得取经成功。在这里，小说曲折地体现了意志坚定的人们，为完成某种艰巨事业而百折不回、奋勇前进的决心，能对读者起鼓励作用。

【10】《西游记》中，以孙悟空为主导，带领猪八戒和沙和尚，与一个个张牙舞爪、面目狰狞的妖魔鬼怪，进行了不屈不挠的斗争；对穷苦百姓，进行济困扶危，保护他们的生命和财产。在这里，象征了人民与自然界的斗争，与封建邪恶势力的“拼命”。

【11】《西游记》中，与唐僧师徒相对阵的妖魔鬼怪，它们与天界神佛有着千丝万缕的联系；神下凡可以为魔，升天又能做神，如金角、银角大王是太上老君的守炉二童，九头狮是太乙真人的坐骑，完全是“神佛离邪一步遥，天界距恶一分钟”。

【12】《西游记》唐僧师徒降龙伏虎、擒妖捉怪的故事中，隐喻着一个深刻的道理：原来天上和地上的统治阶级，完全是“一路货”“一般阴晦一般凶”。

【13】《西游记》故事，塑造了众多的“人物形象”，他们往往既具有自然的面容，又具有社会的性格。这些人物，一个个性格独特，个性鲜明，在当时社会具有一定的典型性。小说中，除了孙悟空、猪八戒、沙和尚、唐僧以外，还有玉皇大帝、太白金星、太上老君等，在他们身上，也反映出现实社会统治者的某些特点。

【14】《西游记》中，唐僧保留着历史人物玄奘虔诚苦行的一面，去西天取经，意志坚定，百折不回，但常常人妖混淆、是非不分，迂腐可笑；孙悟空除了英勇顽强、灵活机敏外，还对神佛桀骜不驯，有一副压不弯的硬骨头，但常常有点躁动。

【15】《西游记》中，猪八戒是全书最重要的陪衬人物，行为憨厚，但好吃懒做，爱财贪物，甚至好色，常常几乎误了取经大事。沙僧忠厚老实，勤劳肯干，一副担一直挑到西天，但有点愚忠。

【16】《西游记》的语言有散文、有韵语，它汲取了民间说唱和方言口语的精华。敌我交锋，经常用韵语，表明自己身份；交手后，又以此渲染气氛。在人物对话中，官场语言的简单明确和地方方言的生动活泼相互融汇，往往寥寥几笔，就能揭示人物的心理活动。

【17】《西游记》结构上，以取经人物的活动为中心，逐次展开情节，反映事件的过程，塑造人物的形象，体现了“以人层层启，以事波波涌”的特点。

【18】《西游记》唐僧师徒取经的故事，一共包括九九八十一难，其中蕴含四十一个小故事。这些劫难和故事都是通过唐僧师徒、神佛、妖魔间错综复杂的关系，一波未平一波又起地展开的；各个小故事都相对独立，错落有致，表现了作者在小说组织构思上的独具匠心。

【19】《西游记》问世以后，流传甚广，影响很大。其时，许多文人、作家，模仿《西游记》的小说结构和艺术特色，写出了跟吴承恩《西游记》有关的小说，如《西游记传》《后西游记》《续西游记》等，但无一能入伯仲之间。

【20】 吴承恩的《西游记》，与罗贯中的《三国演义》、施耐庵的《水浒传》相比，无论在主题思想的表达、人物形象的处理，还是讽刺幽默的技巧、语言驾驭的能力，都要高出一层、胜出一筹。无疑，吴承恩在当时是集长篇章回小说的大成者，其《西游记》成了神话小说中前无古人的杰作。

附录

一轮明月满乾坤

明 · 吴承恩

十里长亭无客走，九重天上现星辰。
八河船只皆收港，七千州县尽关门。
六宫五府回官宰，四海三江罢钓纶。
两座楼头钟鼓响，一轮明月满乾坤。

二郎搜山图歌

明 · 吴承恩

李在唯闻画山水，不谓兼能貌神鬼。笔端变幻真骇人，意态如生状奇诡。

少年都美清源公，指挥部从扬灵风。星飞电掣各奉命，搜罗要使山林空。

名鹰搏拏犬腾啮，大剑长刀莹霜雪。猴老难延欲断魂，狐娘空洒娇啼血。

江翻海搅走六丁，纷纷水怪无留纵。青锋一下断狂虺，金鏁交缠擒毒龙。

神兵猎妖犹猎兽，探穴捣巢无逸寇。平生气焰安在哉，牙爪虽存敢驰骤。

我闻古圣开鸿蒙，命官绝地天之通。轩辕铸镜禹铸鼎，四方民物俱昭融。

后来羣魔出孔窍，白昼搏人繁聚啸。终南进士老钟馗，空向宫闱啖虚耗。

民灾翻出衣冠中，不为猿鹤为沙虫。坐观宋室用五鬼，不见虞廷诛四凶。

野夫有怀多感激，抚事临风三叹息。胸中磨损斩邪刀，欲起平之恨无力。

救月有矢救日弓，世间岂谓无英雄？谁能为我致麟凤，长令万年保合清宁功。

郑成功（1624—1662），本名森，又名福松，字明俨、大木。福建泉州南安人，明末清初军事家、民族英雄。弘光时监生，因蒙隆武帝赐明朝国姓“朱”，赐名成功，并封忠孝伯，世称“郑赐姓”“郑国姓”“国姓爷”，又因蒙永历帝封延平王，称“郑延平”。

1661年（清顺治十八年，永历十五年）率军横渡台湾海峡，翌年击败荷兰东印度公司在台湾大员（今台湾台南市境内）的驻军，收复台湾，开启郑氏在台湾的统治。郑成功死后，台湾民间陆续建立庙宇祭祀，其中以台南延平郡王祠最为重要。

杰出统帅郑成功

[1]
明末抗清多英雄，杰出统帅郑成功。
[2]
奉命进军入闽赣，才华显露帝器重。
[3]
父降言拒走金门，一信决绝离芝龙。
[4]
振臂募兵联诸军，挥手鏖战惊清官。
[5]
顺治四度下敕封，朱森四拒海澄公。
[6]
北伐南京元气伤，计复台湾图兴隆。
[7]
战船数百向台岛，将士万千渡海攻。
[8]
正义之师驱荷夷，三十八年回抱胸。
[9]
一府二县郡县制，高汉两族情和融。
[10]
寓兵于农推屯垦，督耕促民技术送。
[11]
四面环海凭地利，八方商贸物流通。
[12]
人称普命缅郑氏，庙祠遍立祭先宗。
[13]
一生守志浩气存，一世持节感苍穹。

注释

郑成功，明末清初军事家、民族英雄。全诗共十三联，记述了郑成功入闽赣、走金门、联诸军、拒册封、驱荷夷、收台湾的主要经历和杰出事迹，歌颂了他坚持抗清、不屈不挠的斗争精神和驱逐荷夷、收复台湾的伟大功绩。

【1】 明朝末年，政治腐败，社会黑暗，人民起义风起云涌。清朝统治者趁机入关，挥兵南侵，攻下北京，占领中原。这时，出现了一大批抗清的英雄，其中，郑成功是杰出的统帅。

【2】 公元1645年，清军继续南下，攻破扬州，占领南京，兵部尚书史可法等人殉国，明朝弘光帝被俘，遭到杀害，弘光政权灭亡。郑成功的父亲和叔叔郑芝龙、郑鸿逵兄弟在福州拥戴朱聿键称帝，改元“隆武”。郑芝龙将儿子郑成功引荐给隆武帝，隆武帝非常赞赏郑成功的才华，并赐予国姓，名为朱成功。

【3】 公元1646年，清军南攻，郑芝龙不顾郑成功、郑鸿逵等人的反对，带着其他几个儿子北上，投降清朝。郑成功劝阻父亲不成，只好带着部分士兵出走金门，并写信一封，坚决与父亲郑芝龙断绝关系。不久，隆武帝被俘遇害，但郑成功继续招兵买马，组织抗清斗争。

【4】 公元1651年，郑成功在闽南等地组织战斗，攻克许多地方，声势逐渐高涨。公元1652年，郑成功一面募兵，一面联合其他起义军，继续进攻清军，又获得不少胜利，使清朝大为震惊。

【5】 公元1653年，清军两度大败后，清朝顺治皇帝四次

下诏，敕封郑成功以海澄公等多种官职，并承诺给予四府地方，均遭到郑成功的坚决拒绝，表现了郑成功的抗清意志和不屈精神。

【6】 公元1658年，郑成功统帅水陆军，与浙东义军会师，大举北伐，但遭遇飓风，损失惨重，只得退回厦门。公元1659年，郑成功再次率领大军北伐，进入长江，势如破竹，攻克多地，包围南京。但后来中了清军的缓兵之计，被突然袭击，损兵折将，郑成功的反攻大业受到了致命挫折。

【7】 郑成功围攻南京失败以后，曾在福建海门港歼敌四万余人，取得了厦门战役的胜利。但终究由于南京北伐的失败，元气大伤，丧失了很多的有生力量，并面临军粮不足的问题。为了解决军队的后勤给养问题，郑成功决定听从部下建议，收复由荷兰殖民主义者侵占的台湾岛。公元1661年4月，郑成功留下儿子郑经防守厦门、金门，亲率将士二万五千、战船数百艘，自金门出发，经澎湖，横渡台湾海峡，向台湾岛进军。

【8】 公元1661年4月24日，郑成功大军进入澎湖海面，突然遭到狂风暴雨。为了早日完成光复大业，在极端恶劣的气候条件下，郑成功传令大军，连夜破浪前进，与荷兰军舰展开海战，取得台江内海的控制权，并以优势兵力包围荷兰军的主要盘踞点。在郑军多次的打击下，荷兰军队黔驴技穷，只好在投降书上签字。从此，沦陷了三十八年的台湾，又重新回到了祖国的怀抱。

【9】 郑成功驱逐荷兰，收复台湾后，实行了以下措施：一是建立政权，设一府二县；二是落实民族政策，严以治军，不许骚扰高山民族，不许侵占高山民族的耕地，努力促进高汉两

族和睦相融。

【10】 郑成功在台湾积极推进屯垦制度，寓兵于农，以解决缺粮问题。其次，鼓励大陆沿海居民到台湾从事开垦，帮助高山族提高生产技术。

【11】 商业是社会经济的有机组成部分。郑成功利用台湾四面环海，对外贸易方便的有利条件，大力发展海外贸易。海外贸易的发展，促进了物品的流通，活跃了台湾的商品经济，也增加了郑成功政权的财政收入。

【12】 郑成功收复台湾，并采取一系列的措施，使台湾岛经济得到了大幅度的发展，同时也巩固了郑成功的政权，使其在台湾岛站稳了脚跟。台湾人民将郑成功视为“开台烈祖”，甚至把他塑造成神灵，加以尊崇，如今，在台湾的许多地方，还保持着有关他的传说和遗迹。每年4月29日，郑成功登陆这一天，台湾各界都要举行庆典，表示对郑成功的怀念。

【13】 郑成功一生，坚持自己的志向，气贯长虹；一世保持自己的贞节，名震苍穹。郑成功的一生一世，最突出的是两件事：一是坚持抗清，不屈不挠，表现了他的民族大义；二是驱逐荷夷，收复台湾，表现了他的爱国精神。

复　台

明·郑成功

开辟荆榛逐荷夷，

十年始克复先基。
田横尚有三千客，
茹苦间关不忍离。

出　师

明·郑成功

缟素临江誓灭胡，
雄师十万气吞吴。
试看天堑投鞭渡，
不信中原不姓朱！

康熙

康熙皇帝（爱新觉罗·玄烨，1654—1722），顺治皇帝第三子，大清圣祖仁皇帝，清朝第四位皇帝，也是清军入关以来第二位皇帝，年号“康熙”，习称“康熙皇帝”。

玄烨于顺治十一年生于北京紫禁城景仁宫，母孝康章皇后佟佳氏。康熙六十一年崩，终年六十九岁。在位六十一年零十个月（1661—1722），是中国历史上在位时间最长的皇帝。重要政绩：除鳌拜，平定三藩，收复台湾，讨伐准格尔噶尔丹，组织人才整理和编辑《康熙字典》。

封末中华立奇峰

[1]
清初玄烨叱风云，封末中华立奇峰。
[2]
幼患天花侥幸活，形影相吊一线生。
[3]
聆祖学文承先业，践言习武秉家风。
[4]
十四亲政蓄势发，十六躬谋鳌拜惩。
[5]
不流滴血剪巨恶，不动点声除霸臣。
[6]
削除三藩平西南，降服克塽复台省。
[7]
噶尔丹漠北败定，准葛尔逐西藏顺。
[8]
戡定新疆保西北，威慑沙俄东北稳。
[9]
国家一统版图宽，民族合融息纷争。
[10]
崇儒兴文办学堂，开科选士育贤能。
[11]
翰林院里儒擢用，南书房中士致政。
[12]
康熙字典万字入，图书集编万卷成。
[13]
异国文化科学重，西学东移良莠分。
[14]
地图西绘高标准，科学御制算法论。

[15]
天花预防种牛痘，水稻培试胭脂蒸。

[16]
临朝治吏肃官场，驭庭除奸悦庶人。

[17]
兴修水利减灾荒，奖励垦植促农耕。

[18]
库存充裕有余银，仓贮陈粟人口增。

[19]
六十一年在位长，社稷安定业昌盛。

[20]
雄浑博大帝国英，内圣外王皇家魂。

注释

康熙，中国清代伟大的政治家、战略家，清朝第四位皇帝。全诗共二十联，记述了康熙童年生活的不幸、登基治政的辛劳、保疆拓土的艰难、传承文化的竭虑，歌颂了他驾驭天下、勤政理业的超人智慧和为中国文化发展作出的卓越贡献。

【1】 清圣祖仁皇帝爱新觉罗·玄烨，即康熙帝，清朝定都北京后第二位皇帝。康熙亲政后，叱咤风云，殚精竭虑，运用他的超人智慧和卓越才能，迎来了中国封建历史上最后一次盛世——康乾盛世。从此，大清王朝开始走上繁荣。

【2】 康熙的童年是不幸的。出生不久，他遭到当时被人视为洪水猛兽般天花的侵袭，命悬一线，尽管侥幸存活下来，却从此留下了一脸麻点。不幸接踵而至，他八岁丧父，十岁丧母，两年间父母双亡，形影相吊，这给他留下很深的心灵创伤。

【3】 康熙又是幸运的。他有一位宽仁博大的祖母孝庄皇太后，对他的培养倾注了大量心血，为他成为一代明君打下了坚厚的基础。幼年的不幸，反而砥砺康熙更加勤奋学习，认真研读治国之道和儒家经典，还拜武艺高强的侍卫为师，刻苦练习骑射技艺，使他纵马狩猎、十矢九中，变得英武非凡。

【4】 公元1669年，康熙正式亲政。这位蓄势待发的少年天子，一旦坐上王权宝座，就充分显示了他的聪明智慧和治国才华。他十六岁时就亲自谋划，铲除了位高权重、专横跋扈的权臣鳌拜，为他后面的发展扫除了障碍。

【5】 康熙剪除“巨恶”“霸臣”，谋划周全，思考缜密。他利用鳌拜入朝，密令庭前少年侍卫将其生擒下狱，并宣布鳌拜三十条罪状，因念其旧功，定为“免死禁锢”。这一场宫廷斗争，没有军事流血，也没有引起社会骚动，故称“声色不动而除巨恶”。

【6】 康熙在剪除权臣鳌拜之后，于公元1681年，为了稳定天下，采取果断措施，运用合理的策略，削除了三藩——镇守云南贵州的平西王吴三桂、镇守广东的平南王尚可嘉、镇守福建的靖南王耿仲明，一举平定西南。公元1683年，审时度势，降服郑克塽（郑成功的后代），收复台湾。

【7】 公元1690—1697年，康熙三次击败噶尔丹，统一漠北地区。公元1720年，康熙进军西藏，驱逐准葛尔，重新统一西藏地区。

【8】 公元1722年，康熙进军乌鲁木齐，至1795年，戡定新疆。在统一国内的同时，1689年，康熙与俄国在平等的基础

上订立《尼布楚条约》，划定东北边界。

【9】 从此，中国清朝的版图形成，中国疆域东至太平洋，南达南沙群岛，西跨葱岭，北连西伯利亚。疆域辽阔，国家统一，符合人民的根本利益。由于政治上的统一，减少了民族间的矛盾，促进了各民族的和谐融合。

【10】 孔子创立的儒学是中国传统文化的核心。自汉代起，儒学一直被官方作为正统思想加以提倡。康熙尊重中国传统文化，尊重孔学，积极虔诚，持之以恒。康熙积极兴学办校，曾先后下令儒臣将四书五经的解文，编集刊刻成书，如《日讲春秋解义》《日讲易经解义》等，并亲自撰写序文，颁发全国。同时，开设科考，选拔贤能，为国家所用。

【11】 康熙十分重视知识分子，特别是汉族知识分子。康熙亲政后，五十三年间任命满大学士十一人，汉大学士二十人，比例约为一比二。又设立南书房，命儒臣参与国政。除利用翰林院外，还在宫外设立了武英殿、蒙养斋、佩文斋等，组织大规模修书工作。

【12】 由于康熙的倡导和授意，当时所修书籍多达六十余种，其中有价值的如《康熙字典》《佩文韵府》《骈字类编》《全唐诗》等，已经成为我们文化宝库中的重要财富。应该说，在中华文化的发展方面，康熙的贡献是值得肯定的。

【13】 康熙时期，外来文化主要是西方文化，包括宗教、天文、地理、数学、哲学等，通过传教士等已传到中国。当时，许多人持排斥态度，康熙对西方文化则具有与众不同的浓厚兴趣，他并非不分良莠，全盘接受。他积极吸收外来文化中有关政治、经济、军事等方面有益的科学知识，而对西方宗教，则

保持既警惕又宽容的态度。

【14】 康熙紧紧抓住传到中国的西方文化中的精华——科学技术知识，为巩固自己的统治服务。公元1680年，康熙组织西方专家学者，用了10年时间，绘制了当时全世界最好、科学水平最高的中国地图——《皇舆全览图》，出版了自己的科学论文《御制三角形推算法论》。

【15】 由于童年染上天花，险些丧命的原因，康熙对天花的研究特别重视，他大力推广用金鸡纳霜治疟疾和种牛痘以防天花。同时，他还注意杂交水稻的培育，亲自选择种子进行试种，并获得成功。这种新稻种所产之米叫“御苑胭脂米”，色红味香，煮粥最美。

【16】 康熙临政以后，加强吏治，整肃官场，努力铲除贪官污吏生长的土壤，营造清正廉洁的良好风气，得到了百姓的好评和士人的赞誉。

【17】 清朝初期，由于战乱不断，土地荒芜，人口减少，国家经济下降。康熙努力采取措施，扭转这种趋势，重视兴修水利，奖励垦植农耕，减少赋税，节省开支，提倡节约，使社会经济得到了恢复和发展。

【18】 由于采取切实有效的措施，康熙中期以后国库充裕，由原先的二千万两增至五千余万两。同时，生产力水平大幅度提高，粮仓储粮有余，人口显著增加，社会经济呈现繁荣景象。

【19】 康熙在位六十一年，是中国历史上在位时间最长的皇帝。他是中国统一的多民族国家的捍卫者，奠下了清朝兴隆的根基，开创了康乾盛世的局面。

【20】 康熙的一生，是兢兢业业、辛辛苦苦的一生。他把全部的智慧和精力、学识和才华，贡献给了国家，在政治、军事、经济、文化、教育、科学等各个领域，都有卓越的建树，不愧为帝国之英、皇家之魂。

附录

瀚　海

清·爱新觉罗·玄烨

四月天山路，今朝翰海行。
积沙流绝塞，落日度连营。
战伐因声罪，驰驱为息兵。
敢云黄屋重，辛苦事亲征。

毛泽东评价

康熙三征噶尔丹，团结众蒙古部，把新疆牢牢地守住。他进兵西藏，振兴黄教，尊崇达赖喇嘛，护送六世达赖进藏，打败准噶尔人，为维护西南边疆的统一，迈出了关键性的一步。他进剿台湾，在澎湖激战，完成统一台湾的大业。他在东北收复雅克萨，组织东北各族人民进行抗俄斗争，和沙俄签订《尼布楚条约》，保证我永戍黑龙江，取得了独立自主外交的胜利，为巩固东北边疆做出了重大贡献。

《清史稿》节选

圣祖仁孝性成，智勇天锡。早承大业，勤政爱民。经文纬武，寰宇一统，虽曰守成，实同开创焉。圣学高深，崇儒重道。几暇格物，豁贯天人，尤为古今所未觏。而久道化成，风移俗易，天下和乐，克致太平。其雍熙景象，使后世想望流连，至于今不能已。传曰："为人君，止于仁。"又曰："道盛德至善，民之不能忘。"于戏，何其盛欤！

曹雪芹

曹雪芹（约 1715—约 1763），名沾，字梦阮，号雪芹，又号芹溪、芹圃，籍贯沈阳，生于南京，约十四岁时迁至北京。

曹雪芹素性放达，爱好广泛，对金石、诗书、绘画、园林、中医、织补、工艺、饮食等均有所研究。他以坚韧不拔的毅力，历经多年艰辛，终于创作出极具思想性、艺术性的伟大作品——《红楼梦》，堪称中国古典四大名著之首。

古今一绝红楼梦

[1]
欲究小说美善真，古今一绝红楼梦。
[2]
跛足巧吟好了歌，士隐智解辞俗尘。
[3]
宦海秘藏护官符，官场现形葫芦僧。
[4]
字如珠玑文如银，诗是灵魄词为魂。
[5]
十二支曲遗唐韵，葬花词味传宋神。
[6]
五彩生活同时空，缤纷世界自然成。
[7]
语简言洁意洗练，段朴句实义精准。
[8]
裙钗一蹙十眉异，金紫一笑百态生。
[9]
背经宝玉爱薄命，呆霸薛蟠喜厮混。
[10]
黛玉孤傲痴情逝，宝钗雍容守闺门。
[11]
率性坦言刘姥姥，明火暗刀王熙凤。
[12]
探春治园霹雳行，晴雯补裘恋情深。
[13]
豪爽开朗史湘云，懦弱退让贾迎春。
[14]
孤僻惜春入庵堂，槁木李纨守节贞。

[15]
缠绵儿女古来多，惟有宝黛可永恒。

[16]
漫漫长亭席散去，繁繁家业财不存。

[17]
世态变幻闹哄哄，人间更迭乱纷纷。

[18]
巨著寓涵深未底，杰作潜理广无痕。

[19]
真事隐去阅趣起，假语存焉窥欲萌。

[20]
平伯穷辨取一芒，汝昌尽析得一针。

[21]
红学人读红楼梦，红楼梦育红学人。

[22]
千秋垂史大师笔，万代志册曹霑恩。

注释

曹雪芹，是中国历史上卓越的小说家，其创作的《红楼梦》，是举世公认的中国古典小说的巅峰之作。全诗共二十二联，揭示了《红楼梦》的主题，概括了其艺术特色，歌颂了曹雪芹在文学上的不朽贡献。

【1】 在中国文学史上，有《三国演义》《水浒传》《西游记》《红楼梦》四部长篇名著，其中《红楼梦》无疑是最杰出的小说，是中国传统文化的集大成者。

【2】 小说《红楼梦》中有两个神仙人物，一个是邋遢僧人，一个是跛足道士。甄士隐是《红楼梦》前几回中的重要人

物，是贾雨村的恩人，其经历了家被烧、儿被骗，最后飘然升空的过程。“世人都笑神仙好，唯有功名忘不了，古今将相在何方，荒冢一堆草没了……”跛足道人吟这首《好了歌》，是要启发甄士隐“觉悟”；而甄士隐是绝顶聪明的读书人，而且有了家破人亡的经历，一听就懂，接着就为《好了歌》进行了解注，进一步发挥了《好了歌》的思想。于是，随着跛足道人，辞别红尘，飘然上天，做神仙去了。

【3】《红楼梦》第四回，是说贾雨村就任应天府府尹，接了薛蟠打死人的案子。门子（葫芦僧）递给他一份当地的“护官符”，说是如今做地方官的人，都有这样一份名单，上书本地豪门大户的姓名、官爵，人称“护官符”。一张“护官符”“秘藏”了封建宦海、官场的腐败和整个社会的黑暗，反映了人民的痛苦和悲哀。

【4】《红楼梦》无一呆笔，无一复笔，无一闲笔，可谓字字如珠玑，句句似真银；同时，文中有诗，段中有词，诗词相连，结构独特，远超其他小说。

【5】《红楼梦》中的十二支曲，可谓精妙绝伦，充分表现了人物的性格特点，展示了撼人心魄的艺术魅力，具有唐诗的遗韵。林黛玉的葬花词，雅人深致，凄楚悱恻，表现了她的抑塞不平与愤懑之气，具有宋词的神韵。

【6】在传统小说的基础上，《红楼梦》的情节结构有了重大的突破。它改变了以往如《水浒传》《西游记》等一类长篇小说情节和人物单线发展的特点，创造了一个宏大完整而又自然的艺术结构，使众多的人物活动于同一空间和时间，并且使情节的推移也具有整体性，表现出作者卓越的艺术才思。

【7】《红楼梦》的语言艺术成就，更是代表了中国古典小说语言艺术的高峰。作者往往三言两语，就能精准地勾画出一个活生生的具有鲜明的个性特征的形象；笔下人物，都具有独特的个性，从而使读者凭借这些人物的语言就可以理解、判断人物。

【8】《红楼梦》以精雕细琢的功夫，描绘了一大批活生生的典型形象，且个性独特，情态各异。其中金陵十二钗的一颦一笑各不相同，各种人物的一举一动绝不相似，给人们留下了鲜明的印象。

【9】《红楼梦》中的贾宝玉，是衔玉而诞的公子，贾政与王夫人的次子，全府捧为掌上明珠，他却离经背道，终日与家里的女孩相伴，爱她们的美丽纯洁，伤悼她们的薄命悲剧。薛蟠，薛姨妈之子，薛宝钗之兄，外号"呆霸王"，终日斗鸡走马，游山玩水，厮混于社会。

【10】林黛玉，金陵十二钗之冠。她生性孤傲，多愁善感，才思敏捷。与宝玉真心相爱，最后痴情而逝。薛宝钗，也是金陵十二钗之冠，薛姨妈之女。她大方典雅，举止雍容。她有一块金锁，是通灵宝玉的正配。婚后一二年，宝玉离家出走，宝钗独守空闺。

【11】《红楼梦》中的刘姥姥，是底层百姓，率性坦言，活泼可爱，深为大家喜欢。王熙凤，金陵十二钗之九，王夫人的内侄女，贾琏之妻。她精明强干，是荣国府的管家奶奶。但她为人处事狡诈圆滑，干了不少谋财害命的事。

【12】《红楼梦》中的贾探春，金陵十二钗之四，贾政与赵姨娘所生。她精明强干，个性刚烈，行为霹雳，有"玫瑰花"

之称。晴雯，是贾府中的丫鬟。她深爱宝玉，曾为宝玉补裘，最后泪尽而死。

【13】《红楼梦》中的史湘云，金陵十二钗之五，贾母的侄孙女。她心直口快，开朗豪爽，行为坦荡，后来嫁了如意郎君。贾迎春，金陵十二钗之七，贾赦与妾所生。她老实无能，懦弱怕事，有“二木头”之称。

【14】《红楼梦》中的贾惜春，金陵十二钗之八，宁国府贾珍的妹妹。她没有父母疼爱，性格孤僻冷漠，最后入庵为尼。李纨，金陵十二钗之十一，贾政的儿媳妇。她如“槁木死灰”，只知抚养亲子，是恪守封建礼法的贤女节妇的典型代表。

【15】 在中国的历史上，男女之情，缠绵之爱，不知多多少少，如梁祝之爱、牛郎织女之爱等。但这些历史上的缠绵儿女，与《红楼梦》中的贾黛之爱，难以相比，不能同日而语。

【16】《红楼梦》，描写了贾、史、王、薛四大家族由兴盛走向衰败的过程，表现了封建统治必然走向腐朽、覆灭的命运。四大家族虽然“繁繁家业”“漫漫长亭”，但在子孙的肆意挥霍、无尽享受下，终于走向了“财不存”“席散去”的结局。

【17】《红楼梦》描绘了上至皇宫、下至乡村的广阔历史画面，反映了封建末世复杂深刻的矛盾冲突。整个社会，包括四大家族，在“闹哄哄”“乱纷纷”的过程中，演绎出“变幻”“更迭”的人间戏剧。

【18】《红楼梦》，立意新颖，别开生面，寓意深刻，潜理广博，包含儒学、佛学、道学等各方面的经学，涉及天宇、大

地、人际等各方面的知识，是一部真正的中国封建社会的百科全书。

【19】《红楼梦》，以“大旨谈情，实录其事”自勉，按迹循踪，摆脱俗套，新鲜别致，取得了非凡的艺术成就。尤其“真事隐去，假语存焉”的特殊笔法，更是激起了后世读者的阅趣和窥欲，使大家爱读《红楼梦》。

【20】自《红楼梦》问世以来，研究《红楼梦》的专家层出不穷。俞平伯（1900—1990），与胡适并称“新红学派”的创始人，有《红楼梦》研究专著多部。周汝昌（1918—2012），是中国著名的红学家，新中国红学研究的第一人，也是《红楼梦》研究的集大成者，被誉为当代“红学泰斗”。但无论是俞平伯还是周汝昌，他们终其一生的研究，也仅仅取得了“一芒”“一针”的成果。

【21】在《红楼梦》的研究历史上，许多文人墨客精读《红楼梦》，写出了许多经典之作，成了《红楼梦》研究的专家、学者。但正是《红楼梦》的面世，才使他们有了成名成家的机会。一句话，《红楼梦》养育了红学人。

【22】《红楼梦》无论是思想内容，还是艺术技巧，都具有崭新的面貌，具有永久的艺术魅力，卓立于世界文学之林而毫无逊色。《红楼梦》面世以来，以其为题材的戏剧、传奇、电影、电视铺天盖地，风靡整个华人世界。我们今天阅读、研究《红楼梦》，就永远不能忘记曹雪芹的杰出贡献，应该铭记曹霑公的无量恩德。

好了歌

清·曹雪芹

世人都晓神仙好，惟有功名忘不了；
古今将相在何方？荒冢一堆草没了。
世人都晓神仙好，只有金银忘不了；
终朝只恨聚无多，及到多时眼闭了。
世人都晓神仙好，只有娇妻忘不了；
君生日日说恩情，君死又随人去了。
世人都晓神仙好，只有儿孙忘不了；
痴心父母古来多，孝顺儿孙谁见了？

护官符

清·曹雪芹

贾不假，白玉为堂金作马。
阿房宫，三百里，住不下金陵一个史。
东海缺少白玉床，龙王来请金陵王。
丰年好大雪，珍珠如土金如铁。

林则徐（1785—1850），福建省侯官（今福州市区）人，字元抚，又字少穆、石麟，晚号俟村老人、俟村退叟、七十二峰退叟、瓶泉居士、栎社散人等，是清朝时期的政治家、思想家和诗人，官至一品，曾任湖广总督、陕甘总督和云贵总督，两次受命钦差大臣；因其主张严禁鸦片，在中国有“民族英雄”之誉。

尽管林则徐一生力抗西方入侵，但对于西方的文化、科技和贸易则持开放态度，主张学其优而用之。根据文献记载，他至少略通英、葡两种外语，且着力翻译西方报刊和书籍。

爱国英雄林则徐

[1]
中华清末多磨难，爱国巨人元抚诞。

[2]
家贫食简融融情，父慈母祥乐乐颜。

[3]
经国救世少立志，习以致用学海泛。

[4]
四书五经夯底蕴，西学法则拓视眼。

[5]
遇荐入仕在厦门，会考中士入京翰。

[6]
仕途险恶挂印去，朝廷重用奉旨还。

[7]
帝皇宠爱求政绩，林公尽忠抱负展。

[8]
潜行暗访察实情，澄清吏治亲裁案。

[9]
赈灾济贫平民愤，疏河通道除水患。

[10]
倡导革技促农耕，力推新具增生产。

[11]
虎门销烟动天地，民族抗争震中外。

[12]
正义之举千地欢，尊严之为万民赞。

[13]
横遭诬陷戍边疆，诀妻留诗抒胸怀。

[14]
晚年扶病赴大任，殚精竭虑卫江山。

[15]
临终三呼星斗南，辞世一指心不安。
[16]
四十从政十三省，功卓勋著业丰满。
[17]
实干清廉品高洁，爱国御侮气凛然。

注释

林则徐，清代著名的政治家、思想家、诗人，中国近代民族英雄。全诗共十七联，记述了林则徐少立志、入仕途、展抱负、禁鸦片、戍边疆的主要经历和杰出事迹，歌颂了他虎门销烟、民族抗争的凛然气节和卓著功勋，赞扬了他实干清廉、爱国御侮的伟大精神。

【1】 清朝末年，内忧外患，封建统治政治腐败，西方列强趁机入侵，底层百姓痛苦不堪。在这样的背景下，出现了一批仁人志士，救国救难。其中，林则徐就是治政的能人、爱国的巨人。

【2】 林则徐的父亲林宾日，原名林天翰，是当地的教书先生。虽然林宾日中了秀才后可领取公粮，但家里人口众多，生活非常艰难。林则徐童年尽管家境贫寒，常以豆腐为食，但由于父母慈祥、家庭温馨，因此感到非常快乐。

【3】 林则徐在父亲的谆谆教导下，从小就有大志，学习认真，八九岁时就在学堂上写出“海到无涯天作岸，山登绝顶我为峰”的诗句，震惊四座。林则徐十二岁时，进福建最高学府鳌峰书院学习，开始接受“经世致用”的思想，并立下了“经

国救世”的志向。

【4】 林则徐一开始学的是传统文化，主要是儒家的四书五经，他这方面的经学功底非常厚实。随着时间的推移，林则徐面对西方资本主义的强敌入侵，最先从封建闭关自守的昏睡状态中觉醒，以全新的态度睁眼看世界。期间，他学了许多西方的知识，也翻译过西方的著作。林则徐是中国近代史上睁眼看世界的第一人。

【5】 公元1804年，林则徐参加乡试，中第二十九名举人，年底，赴京师会试，但名落孙山。公元1806年，受人推荐，林则徐在厦门担任文书记录。期间，看到了鸦片走私、官吏贪污，留下了深刻印象。公元1811年，林则徐再次赴京会考，殿试高居第二甲第四名，进入翰林院。

【6】 不久，林则徐遇到了两件事：一是他离开翰林院往江西南昌任考官，与好友龚自珍和魏源发生了关于科举考试弊端的争论，产生困惑；二是林则徐任江南道监察御史，发现湖南巡抚琦善办事不力，向皇帝直奏琦善的无能，遭到同僚的冷嘲热讽，产生对官场的厌倦。公元1821年，林则徐以照顾父亲为名，辞官而去。

林则徐辞官回乡，遭到了父母和亲戚朋友的坚决反对，恰巧，道光皇帝了解了林则徐任内的政绩卓越，特地召见他，并破格复职任用。

【7】 公元1823年，在道光皇帝的重用下，林则徐终于青云直上，可以一展抱负，实现他经国救世的志向。

【8】 公元1823年，林则徐任江苏按察使，在任期间澄清江苏吏治，改革审判程序，亲自裁决案件，甚至黑夜潜行，明

察暗访，验尸时也亲自动手。短短四个月，他就把江苏积压的案件处理了十之八九，被江苏人民称颂为“林青天”。

【9】 同年夏季，江苏发生大水灾，社会动荡不安，人民聚集，将成民变，可官府照样追税。江苏巡抚韩文琦力主用兵镇压，林则徐坚决反对。他乘船前往灾变地区，赈济灾民，平息民愤，很快恢复了社会秩序。1827—1830 年，林则徐去陕西、湖北任官，十分重视兴修水利，疏通河道，安抚百姓，努力减轻人民的财产损失。

【10】 公元 1832 年，林则徐调任江苏巡抚。他对农业、漕务、水利、救灾、吏治等各方面都作出成绩，尤其重视提倡新的农耕技术，推广新农具，帮助当地农民提高生产力。

【11】 公元 1838 年，林则徐受命钦差大臣，入广州查处禁烟。公元 1839 年，林则徐在广州传讯十三行洋商，责令转交谕帖，命令外国鸦片贩子限期缴烟，并要求他们保证今后永不夹带鸦片。经过坚决的斗争，挫败英国驻华商务监督义律和鸦片贩子，收缴全部鸦片近二万箱，约 237 万余斤，于 6 月 3 日在虎门海滩上当众销烟。这就是中国近代史上的重要事件——“虎门销烟”。

【12】 第一次鸦片战争时期，林则徐以虎门销烟、奋力抗英而闻名中外，成为一代名臣、民族英雄，为后人称颂。但也是因为禁烟和抗英，使林则徐成了朝廷的一名“罪臣”，遭受了五年悲壮的流放生活。

【13】 林则徐在广州的禁烟功绩，最初得到了道光皇帝的充分肯定。道光皇帝亲笔书写“福”“寿”二字的大楷横匾，派人送往广州，以示嘉奖。但时隔不久，林则徐面临危难，因英

军的进攻，各种诬陷、打击降临到林则徐的头上，道光皇帝翻脸，“发往新疆伊犁，效力赎罪”。

林则徐抗英有功，却遭投降派诬陷，被道光皇帝革职，他忍辱负重，踏上戍途。在古城西安与妻子告别时，满腔愤怒地写下了“苟利国家生死以，岂因祸福避趋之”的诗句。这是他爱国情感的抒发，也是他性情人格的写照。

【14】 从公元 1847 年起，朝廷命林则徐为云贵总督、钦差大臣等职，他又为国家和地方百姓做了不少好事，可谓“晚年扶病赴大任，殚精竭虑卫江山”。

【15】 公元 1850 年 11 月 22 日，林则徐与世长辞，享年六十六岁。他在临终时，将手一指，连呼三声“星斗南”，反映了他对“国事”“国难”的“心不安”。

【16】 林则徐从政四十年，历官十三省，功勋卓著，业绩丰满，是中国历史上著名的封建政治家、地主阶级改革派的代表人物。

【17】 林则徐任官，品行高洁，实干清廉，为人民所敬仰，赢得了“林青天”的美誉；禁烟，态度坚决，处事果断，为中外所知，赢得了“民族英雄”的称号。

邓世昌（1849—1894），原名永昌，字正卿，广东广府人，原籍广东番禺县龙导尾乡（广州市海珠区），清末海军杰出爱国将领、民族英雄。1894 年中日甲午战争时为“致远”号巡洋舰管带，1894 年 9 月 17 日在黄海海战中壮烈牺牲，谥壮节公，追封太子少保衔。

有《邓世昌传》《英雄邓世昌》等多部文学、影视、戏曲作品歌颂其丰功伟绩与英雄壮举，有墓冢、纪念馆等多处可供纪念、瞻仰、凭吊。

海疆军魂邓世昌

[1]
清末黄海炮声响，海疆军魂邓世昌。
[2]
自少师欧习洋文，识得原版认知强。
[3]
船政受业开先河，军舰履职功学堂。
[4]
奉命督战扼澎基，巧智抑倭威名扬。
[5]
赴英至德接四舰，开眼练技向海洋。
[6]
治军严正精训练，爱国敬业志战场。
[7]
回途艰险卒病逝，备棺以殓陆安葬。
[8]
怜惜猪仔归国难，搭救游子回故乡。
[9]
一八九四甲午年，北洋致远任舰长。
[10]
日袭中迎战骤起，挥旗齐击敌船伤。
[11]
主帅誓言气吞日，鼓轮怒驶蔑倭狂。
[12]
鱼雷炸管巡舰沉，正卿坠海气宇昂。
[13]
御笔祭文慰忠烈，民资建祠敬良将。

注释

邓世昌，清朝末年杰出爱国将领，民族英雄。全诗共十三联，记述了邓世昌勤学习、受船业、扼澎基、接四舰、志战场、战日舰、保海疆的主要经历和优秀事迹，歌颂了他激越、昂扬的爱国精神和誓死战斗、为国捐躯的英雄壮举。

【1】 清朝末年，日本帝国野心勃勃，屡次侵我国土，犯我海疆。公元1894年9月17日，日寇在黄海突袭清朝舰队，清军将士奋起还击，打响了“甲午海战”。在这场海战中，邓世昌率领全舰战士，英勇作战，壮烈牺牲。

【2】 公元1849年10月4日，邓世昌出生于广东番禺县。他从小资质聪慧、勤奋好学，在学得一定的“经学”以后，进入教会学校，师从欧人学习英语、算术。他接受能力强，进步快，在很短的时间内，能与洋人对话，能看英美原版书籍。

【3】 公元1867年，清朝开办前学堂制造班和后学堂驾驶管理班，邓世昌立即报考，成绩优秀，顺利考取驾驶专业。邓世昌在校攻读五年，各门功课都获优等，被清朝船政大臣沈葆桢奖以五品军功，任命为运输船大副。船政学堂培养的军官开始指挥军舰，这是中国军事教育史上的一件大事。

【4】 公元1878年，沈葆桢调邓世昌任装备五尊前后膛炮的“振威”炮舰管带，并代理“扬武”快船管驾，奉命扼守澎湖、基隆等要塞。他在执行守备任务时，坚决果断，用兵有方，抑制了日本侵略者的嚣张气焰。

【5】 公元1881年，邓世昌跟随丁汝昌水师官兵二百余

人赴英接“超勇”“扬威”两艘巡洋舰，表现突出，受到嘉奖。公元 1887 年，邓世昌接受李鸿章的指派，赴英、德两国接收“致远”“靖远”“经远”“来远”四艘巡洋舰，在回来时，组织海上实战练兵，提高军士的战斗技能，又受到了嘉奖。

【6】 邓世昌治军严格，训练有方。公元 1891 年，李鸿章来威海检阅北洋海军。邓世昌平时训练的部队没有任何花架子，一切从战场的实际出发，得到了李鸿章的赞赏，被授予“葛尔萨巴图鲁”勇号，并被赐予三代一品封典。

【7】 邓世昌从英、德接舰回国途中，船上一名水手病死，邓世昌不怕得罪洋人，依照中国传统习惯，备棺以殓，等靠岸时安葬，深受部下的爱戴。

【8】 邓世昌接舰回国途中，经直布罗陀时，有八名广东籍华工前来求见（广东人称被骗出洋的人为“猪仔”），请求搭救。邓世昌答应了他们的要求，使他们得以随舰回国。邓世昌更受到了广大士兵的衷心拥护和爱戴。

【9】 公元 1894 年，甲午战争前夕，邓世昌任北洋“致远”号舰长，他多次表示：“如果在海上和日舰相遇，遇到危险，我就和它同沉大海。”充分表现了他视死如归、不怕牺牲的意志和品质。

【10】 1894 年 9 月 17 日，日本舰队突然袭击中国舰队，一场海战打响，这就是黄海大战。战斗中，担任指挥的旗舰被击伤，大旗被击落，邓世昌立即下令在自己的舰上升起旗帜。他指挥的“致远”号在战斗中最英勇，前后火炮一起开火，重创敌舰。

【11】 当“致远”号受伤倾斜，炮弹打光时，邓世昌感到最后时刻到了，对部下说：“我们就是死，也要死出中国海军的威风，报国的时刻到了！”他下令，开足马力，向日舰“吉野”号冲去，要和它同归于尽。邓世昌的英雄气概，把日本人吓呆了。

【12】 这时，敌人一发炮弹不幸击中了“致远”舰的鱼雷发射管，使管内鱼雷发生爆炸，导致“致远”舰沉没。二百多官兵大部分牺牲。邓世昌（正卿）坠身入海，壮烈牺牲，年仅四十五岁。

【13】 邓世昌壮烈牺牲，举国震动，光绪皇帝垂泪撰联——“此日漫挥天下泪，有公足壮海军威”，并赐予邓世昌“壮节”谥号，入祀京师昭忠祠，御笔亲撰祭文、碑文各一篇。威海卫百姓感其忠烈，于1899年在成山上为邓世昌塑像建祠，以志永久敬仰。

附录

纪大东沟战事吊总兵世昌

清 · 缪钟渭

重如泰山轻鸿羽，
流芳遗臭俱千古。
将军视死如甘饴，
懔懔大节青史垂。

挽 联

清 · 光绪皇帝

此日漫挥天下泪，有公足壮海军威。

黄海海战

在中日甲午战争黄海海战中，因“致远”舰受伤，弹药用尽，难以继续战斗，邓世昌语曰：“倭舰专恃吉野，苟沉是舰，则我军可以集事。”便意图撞沉日舰旗舰“吉野”（据日方记载为浪速，参见《原来邓大人撞的不是吉野》），但“致远”舰因为日舰攻击引起鱼雷爆炸而沉没，邓世昌决心与战舰同存亡，从而在落水后拒绝救援，与爱犬“太阳”一同壮烈殉国。邓世昌牺牲后举国震动，光绪帝垂泪撰联“此日漫挥天下泪，有公足壮海军威”，清廷谥以“壮节”，按提督例从优议恤并，还赐给其母一块用1.5公斤黄金制成的“教子有方”大匾，拨给邓家白银10万两以示抚恤，追赠太子少保衔，入祀京师昭忠祠。邓家用此款在原籍番禺（今广东省广州市海珠区）为邓世昌修了衣冢，建起邓氏宗祠。抗日战争日军侵占广州期间，日军士兵慑于邓世昌的威望和英气，不敢破坏邓氏宗祠。

后　记

《中国古代杰出人物解读》终于出版了。在这里，我要感恩，衷心感谢以下三方面诸多同志的支持和帮助。

一是来自朋友圈的怂恿。朋友圈几乎都知道我喜欢历史，爱好文学。当他们知道我的创作方向后，只要遇见，总会问我："写得如何？"使我不敢"偷懒"。

二是来自学校层面的叮嘱。我平时接触最多的是中小学校长、幼儿园园长，当他们了解我的写作意图后，偶尔说起，总会说："何时拜读？"使我不敢"忘却"。

三是来自众多同志的助力。时丽娟、周敏、孙静、杨隽、曹争艳帮我收集整理资料，胡来源、乔旖旎、陈怡、赵旖旎、卫瑜婕、张磊、潘燕红、陈燕泓、宋丽、周晨晨、王秀峰、张慧燕、黄慧慈、王丽帮我打印、校对文字，使我不敢"停顿"。

最后，再一次感谢他们的真情支持与鼎力相助！

李　忠

2016 年 3 月 8 日